褚占辉名校长工作室 / 主编

春风化雨：

C H U N F E N G H U A Y U

褚占辉名校长工作室
文化育人成果集

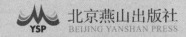
北京燕山出版社
BEIJING YANSHAN PRESS

图书在版编目（CIP）数据

春风化雨：褚占辉名校长工作室文化育人成果集 /
褚占辉名校长工作室主编. — 北京：北京燕山出版社，
2020.7
ISBN 978-7-5402-5773-6

Ⅰ.①春… Ⅱ.①褚… Ⅲ.①校园文化—建设—研究
Ⅳ.①G47

中国版本图书馆CIP数据核字（2020）第126275号

春风化雨：褚占辉名校长工作室文化育人成果集

主　　编	褚占辉名校长工作室	
责任编辑	满　懿	
出版发行	北京燕山出版社	
地　　址	北京市丰台区东铁匠营苇子坑138号C座	
电　　话	010-65240430	
邮　　编	100079	
印　　刷	北京政采印刷服务有限公司	
经　　销	新华书店	
开　　本	170mm×240mm　16 开	
字　　数	261千字	
印　　张	14.25	
版　　次	2022年6月第1版	
印　　次	2022年6月第1次印刷	
定　　价	45.00元	

编 委 会

主 编：褚占辉名校长工作室

编 委：褚占辉　王悦琦　王　睿　郭　斌

　　　　刘　芳　常　凯　陶　荣　张德奎

　　　　陈其佳　李贵平

工作室举办第一期名师大讲堂活动合影

工作室举办第二期名师大讲堂活动合影

工作室研修交流

褚占辉校长举办专题讲座

工作室举办专题讲座——让教育找到回家的路

褚占辉校长（左一）参加2019年奥运健儿公益服务大行动暨柔道教育中国行甘肃站的活动

工作室全体成员参观兰州市中小学生综合实践基地

褚占辉校长在西固区"真课堂"专家论坛上致辞

序　言

　　褚占辉是第三届金城名校长，其工作室十名成员均来自西固区各个不同的中小学。西固区乃是兰州市教育名区，近几年更是将"优先发展教育事业，打造西部教育名区"作为主要发展方向。区属各中小学在区教育局的引领下，立德树人，教育教学工作取得长足进步，形成了自己独有的校园文化，深受西固区人民的认可和好评。褚占辉名校长工作室各成员所在学校更是其中的佼佼者。

　　近三年，在褚占辉校长的带领下，工作室成员认真履行工作职责，充分发挥示范、引领、辐射和带动作用，为全市教育教学发展作出贡献。工作室成员也基本都已成长为中青年骨干校长，成为西固区教育的中流砥柱。

　　在褚占辉名校长工作室"文化育人"理念的影响下，三年来，工作室成员以学校的历史发展情况和办学实践为例，着重分析当前教育发展的机遇与挑战，加强社会发展与学校发展的融合意识，打造富有学校特色的文化，与时俱进，形成丰富多彩的文化办学特色，进而实现各学校的可持续、健康发展。

　　"文以载道""以文化人"，学校文化是学校的基础和灵魂，是学校凝聚力和活力的源泉。文化强则学校强，文化强则教育强。做人民满意的教育，文化是灵魂，思想是根基。

　　学校需要有自己的文化。文化凝结着人们的思想观念和价值取向，影响着人们的实践活动、认识活动和思维方式，"是更基本、更深沉、更持久的力量"。此书立足于时代和教育发展的规律，着眼于新的教育发展方向，是褚占辉名校长工作室各成员校及其兄弟学校经过几代人的经营与努力所形成的具有自身特质的文化结晶，是各校办学历史的总结和凝练，是指引学校不断向前发展的航向标，推动学校向着更深层次、更好水平、更高阶段迈进。

　　此书收录的十几所学校的文化建设成果，纵不够尽善尽美，也可谓心的力作，饱含着每一位学校建设者对学校文化的独特理解；更是广大教育工作者对学校历史文化发展的诠释、表白和希冀。希望每一位读到这本书的教育界同仁，也能够借助工作室提供的资源和平台，根据社会客观需要、教育客观规律、学校客观基础、办学客观条件进一步强化学习，明晰发展方向，力争自己与学校共同发展，再上新台阶。

春风化雨润身心，文化引领育真人。一卷在手，意义深远。我们真诚希望每一所注重文化建设的学校再创佳绩、再结硕果，衷心祝福西固区乃至兰州市的教育事业取得更大发展！

是以为序！

褚占辉名校长工作室

2019年10月

目 录

上篇 文化篇

下 篇　论文篇

上篇
文化篇

小学校园文化成果

浸润"福"文化 创建"福"品牌

一、"福"文化的形成

兰州市西固区福利路第一小学（以下简称"福利一小"）始建于1956年，已有60多年的历史，是福利路上的第一所小学。学校名称中有一个"福"字，"幸福教育"是"福利一小"人一直以来的追求。无论是现在还是过去，中国的老百姓都有一个共同的愿望，那就是期盼福气的到来。一个"福"字寄托了人们对幸福生活的向往，也饱含着人们对美好未来的祝愿。于是，我们将学校文化凝练为"福"，"福"文化由此产生。

"福"字

二、"福"文化建设

学校2013年完成了《"福"文化建设纲要》一书，包括精神力、执行力和形象力三部分内容。后又不断修改与完善，使"福"文化的内涵与外延不断得以丰盈。

（一）精神力系统——学校文化的灵魂与核心

精神力系统是学校文化建设的灵魂和核心，是学校师生精神面貌总的体现，包括办学理念、"三风一训"等内容。

学校2013年完成的精神力系统文字内容如下。

"福"文化内涵：福泽校园，福润人生。

办学理念：为快乐成长奠基，为幸福人生导航。

校训：教师幸福工作，学生快乐成长。

校风：诚信和美。

学风：善思乐学。

教风：启智明理。

口号：小福娃，向前冲！

经过三年的文化实践，学校发现精神力系统文字与"福"文化之间的联系还不够紧密，还需继续完善。2016年，学校以楼宇文化的打造为契机，深入挖掘"福"文化内涵，全校教师会议讨论、修改并进一步完善了学校"福"文化的精神力系统。具体内容如下。

办学理念：福泽校园，福润人生。

办学愿景：教师幸福工作，学生快乐成长。

校训：厚德载福。

教风：福慧双修，用心守望。

学风：善思乐学，惜福明理。

校风：播撒幸福，感悟幸福，收获幸福，分享幸福。

口号：小福娃，向前冲！

（二）形象力系统——学校文化发展的名片

学校文化标识体系包括以下三个方面。

1. 学校logo、校徽

学校logo寓意用双手托起幸福的花朵。健康的绿色、活力的橙色、理想的蓝色、热情的红色，构成了形象生动、含意隽永的个性徽标。花朵造型是变化抽象的"福"字，呈现了学校生机勃勃的文化韵致。

学校logo　　　　　　　　校徽

2. 学校的形象代言：快乐福娃

快乐福娃的形象活泼生动，充满活力。希望每一名学生在"福利一小"的环境中都能成长为快乐福娃。

男福娃 女福娃

3. 校歌：《幸福起航》

朗朗上口的旋律，亲切活泼的歌词，配上温馨的曲风，这就是"福利一小"的校歌。升国旗等大型学校集会时，学生都会唱起这首熟悉的歌曲，用歌声表达对快乐生活的赞美。

（三）执行力系统——学校文化的载体

执行力系统包括管理文化、环境文化、课程文化、课堂文化、教师文化和学生文化。

1. 管理文化："一主多翼"的管理模式落地开花

近年来，学校进行扁平化、网格化管理，创新管理机制，提升管理水平，逐渐形成"一主多翼"的管理模式。

在"教育供给侧"改革的驱动下，学校发挥家长的优势资源，开展"家长志愿者进校园"活动，将家长志愿者分为橙、红、绿、蓝四个团队：橙队为安全护卫队，协助排查校园及周边环境的安全隐患；红队协助组织校内大型活动；绿队为实践活动队，协助组织学生外出实践活动；蓝队为家长讲堂队，从家长的视角为学生带来精彩课堂，教给学生更多的生活技能。

学校还发挥教代会、红领巾监督岗、校园小交警的作用，最大限度地激发师生及家长的主人翁意识，形成了教师、学生、家长人人为学校发展献计献策、人人参与管理的良好局面。"一主多翼"管理模式落地开花，促进了学校的办学品质。

2. 环境文化：彰显幸福教育的浓郁氛围

优美的环境给人以美的享受，唤起人们对美的追求，陶冶情操，使人心旷神怡，大脑更聪慧、思维更敏锐、行为更文明。"福利一小"的环境文化激发学生的上进心和求知欲，彰显幸福教育的活力。

（1）幸福长廊——福泽轩。

2013年，学校修建了"双亭夹长廊"的仿古建筑，青砖红瓦更为这所即将步入花甲之年的学校增添了历史的厚重和文化的积淀。文化长廊壁上展现的是学校育人体系"3368"工程的内容，即三福、三书、六礼、八个主题月。三福指福地、福娃、福韵；三书指书法、书文、读书；六礼指一年级入学礼、二年级文明礼、三年级成长礼、四年级诚信礼、五年级感恩礼、六年级毕业礼；八个主题月分别是文明三月、书香四月、阳光五月、感恩六月、魅力九月、激情十月、畅想十一月、回眸十二月，每月一主题，月月有活动，促进学生的全面发展。这也是学校德育教育工作的主线，体现了具有特色的学生文化。

"双亭夹长廊"的仿古建筑

（2）安全文化墙。

浅显易懂的绘画配以简短的文字说明，从小培养学生的安全意识。

（3）楼宇文化。

学校本着"简约、人文、和谐、精致"的理念，进行了楼宇文化的整体策划与设计。作为楼宇文化的第一站，迎福厅集中体现了学校"福"文化的核心内容；阅读长廊——悦读轩带领学生遨游在书籍的海洋中，为他们打开心灵之窗；心理长廊——馨语轩倡导学生做健康、快乐的小福娃；艺术长廊——艺韵轩是学生才艺展示的大舞台；科技长廊——创翼轩启迪着学生的科技创新梦想；楼梯间的"幸福列车"都变成了会说话的墙壁，用大大小小的圆形照片展现"福利一小"幸福成长的瞬间；教师、学生、家长主题文化墙诉说着"福利一小"人躬耕教育的点点滴滴。

迎福厅

悦读轩

馨语轩

艺韵轩

创翼轩

学校楼宇文化建设不仅仅是要装出美丽的房子、漂亮的长廊，而是要将学校的办学理念渗透进建筑的每一个细节、每一个角落。通过楼宇文化的建设，创造新的空间，为学生建造学习生活的成长乐园，给学生提供最佳的学习体验，为教育改革、教育发展提供新的平台和载体。

3. 课程文化：多彩课程为幸福教育注入活力

近年来，学校在国家课程、地方课程开设的基础上，自主研发了具有学校特色的课程体系——福韵时光。福韵时光分为道德素养、人文素养、审美素养、科学素养、身体素养五大类近30门选修课程。2016年，学校继续致力于课程建设，大力引进诸如桌式足球、陶艺、机器人、DI思维、独轮车、街舞、外教口语、国际象棋等助力学生全面发展的特色校本课程，校本课程建设呈现出百花齐放的繁荣景象。学校还大力倡导级本课程的开发，丰富学生的学习生活，提升学生的综合素养，让他们享受幸福教育的快乐。学生合唱队、体育舞蹈队、田径队、篮球队、足球队、软垒队、腰鼓队、武术队训练成效显著，取得了可喜的成绩。另外，学校以艺术特色和快乐校园的创建为动力，以音、体、美特色教学改革活动为突破口，进行了"一班一品"班本课程的打造与开发。口风琴、口琴、葫芦丝的动人旋律飘荡在校园上空；一幅幅简笔画、刮画、油画棒、立体画吸引着每一位来访者的眼球；花样跳绳、五步拳基本套路、韵律操深受学生喜爱。

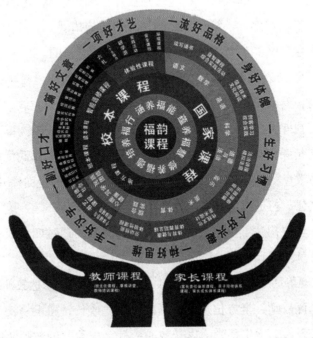

"四横六纵"式的课程

2017年，学校加入兰州市李烈名校长成员校。"福利一小"人以课程建设为突破口，以丰富多彩的教育教学活动为抓手，从培养福行、修养福德、蕴养福慧和涵养福能四个方面横向构建符合学生需求的多元化、层次化、个性化的"福韵课程"体系，从国家课程校本化、社团活动课程化、德育活动体验化、级本课程特色化、班本课程个性化、家长教师课程板块化等六个方面纵向进行课程体系的层级改革。通过"四横六纵"式的课程实施，全面培养学生感受幸福、创造幸福及分享幸福的能力。

学校多次承接省教育厅、市教育局、区政府等部门组织的各级各类观摩活动，并获得好评。

4. 课堂文化："四三三"参与式教学模式日趋完善

近年来，为构建高效课堂，学校的教育教学改革如火如荼，"四三三"参与式教学模式不断走向成熟。此模式以探究性教学改革活动为基础，经过反复的实践研究与反思总结，于2015年3月最终命名为"四环三点三评价"参与式课堂教学模式。"四环"就是课堂结构分四部分呈现，即探学、合学、内学、延学；"三点"指教师的点拨引领，包括启点（创设情境、引发问题）、化点（适时点拨、答疑解惑）、结点（归纳总结、延伸拓展）；"三评价"是指在师生互评、生生互评、学生自评中，达到教学相长的目的。

2017年，学校以"四环三点三评"参与式教学和情境教学模式的融合为教学研究方向，奏响了课堂的主旋律。学校以五大课型为主线，以四级教学管理为方式，在观课、评课、议课中，促进不同教师的成长，提高了课堂教学效率。新教师亮相课、常态跟踪课、课堂教学参赛课、教学比武优质课、新秀打磨课、"爱的教育"教师跟踪成长课，促进了教学质量的全面提升。

5. 教师文化：打造福慧双修的优质师资队伍

近年来，学校构建了福慧教师五段式成长体系，通过四大成长工程（青蓝工程、新秀工程、骨干工程、名师工程）及"三磨""三草根""五个一""福慧杯"教学比赛等活动，引领教师逐级成长为乐师教师、修达教师、双贤教师、慧智教师、福育教师，全方位加速教师的专业化成长，建设一支"静下心来教书，潜下心来育人，学生喜爱，家长放心，社会满意"的教师队伍。学校充分发挥阳光愉心、青蓝携手、智慧成长、学研健脑四种类型的活动作用，引领教师福慧双修，用心守望学生的成长。

6.学生文化：幸福教育之花在校园绽放

学校以"福"文化为引领，以"3368"（即三福、三书、六礼、八个主题月）工程为载体，积极探索学生全面发展的教育规律，拓宽教育渠道，创新教育形式，努力提高教育的实效性和针对性，促进学生德、智、体、美、劳全面发展。

一年级入学礼、二年级文明礼、三年级成长礼、四年级诚信礼、五年级感恩礼、六年级毕业礼，见证学生的成长；"8+N+3"的福娃蹦极跳评价体系逐级评选"金、银、铜"福娃，引导学生善思乐学、惜福明理，落实全面发展的育人目标；文明三月、书香四月、阳光五月、感恩六月、魅力九月、激情十月、畅想十一月、回眸十二月，八大主题月活动更是落实了"立德树人"的根本目标，为学生的人生奠基，让幸福教育之花香飘校园。

"小福娃蹦极跳"展墙

学校文化建设是一项长期的系统工程，不可能一蹴而就。"福利一小"人将继续在"福"文化的引领下，让学校的幸福教育继续走向新的辉煌！

承百年教化之风　创立雅文化校园

　　兰州市西固区西固城第一小学（以下简称"西固一小"）始建于清宣统元年（1909年）。一百多年来，经过数代人的艰苦创业、严谨治校，学校由建校之初的教师1人、学生10人、平房两间，发展成为一所拥有1178名在校学生、67名教职工、占地9560平方米、建筑面积9558平方米、运动场面积4500平方米的市级标准化小学。历经百年的风雨，学校逐步形成了独特的文化底蕴，成为教育科研的基地、名师成长的沃土和英才辈出的摇篮。近年来，学校在抓教育教学工作的同时，重点实施学校"雅"文化的建设工作。经过不断努力，学校以提升学校"雅"文化的品位为突破口，以发挥"雅"文化环境育人功能为出发点，立足实际，着眼长远，整体筹划，全面推进，分步实施，树立起完整的学校文化形象，打造学校文化品牌，赋予校园丰富的生命力，给教师搭建施展才能的平台，为学生的发展提供更广阔的空间。经过全体教职工的努力，"雅"文化已经在"西固一小"这片百年沃土之上生根、发芽。

学校全景

学校多功能厅

一、立雅励行——学校发展的精神航标

　　以"让每位师生都成为秀外慧中的东方雅士"的教育愿景，完善学校文化建设的精神力系统。学校谨遵"博雅笃行"的校训，积极践行"立雅励行，奠

基人生"的办学理念，营造"雅行统一，和谐共进"的校风，着力塑造"教者儒雅，以研为乐"的教风，精心培养"学者博雅，以思为悦"的学风，培育六雅阳光少年（言谈雅、行为雅、气质雅、情趣雅、个性雅、心灵雅），形成了一套自我的精神力系统要素。

核心理念：雅。

办学目标：小学校，大雅堂。

教育愿景：让每位师生都成为秀外慧中的东方雅士。

管理理念：强化责任，敬畏规则，开拓创新，务本求实。

学校使命：塑造栋梁，成就自我，服务社会。

发展愿景：育博雅至善之人，成口碑载道之名，把学校办成令人向往的精神乐园。

品牌要义：典雅的校园，雅致的管理，儒雅的教师，博雅的学生，优雅的家长，雅趣的课程，各雅其雅的班级文化。

学校宣言：立雅之本，在于笃行；立师之本，在于乐研；立生之本，在于善思。

领导作风：文雅谦逊，博爱公平。

教师形象：儒雅爱生，严谨博学。

学生形象：博雅善思，聪颖自信。

学生誓词：我是西固城第一小学的学生，我为在这里学习而自豪。在此，我庄严宣誓：我将信守"博雅笃行"之校训。言行至美，争做雅行少年；坚韧自信，努力完善人格；学思蕴乐，用知识装点童年；健体强身，以怡雅和谐身心。努力做一名聪颖自信的东方小雅士！

教师誓词：我是西固城第一小学的教师。我在国旗下庄严宣誓：教师是我骄傲的选择，教育是我光荣的事业，育人是我神圣的职责！我一定做到：依法执教，严谨治学；师德为上，儒雅爱生；笃学育人，责任以行；博学众长，以雅立教。努力用大雅的人格陶冶学生，用卓雅的教艺启迪学生，用博雅的才识丰富学生。我将履行承诺，矢志不渝，做学生的良师益友，铸教师的崇高品德。

三凤一训　　　　　　　　　　　办学理念

以"雅"文化精神为核心，学校将践行"雅"文化的十二个方面编辑汇总，形成了十二本"雅"文化系列丛书：《走在雅行的路上》《和谐雅致的制度文化》《儒雅乐研的教师文化——论文篇》《儒雅乐研的教师文化——案例集》《儒雅乐研的教师文化——反思集》《儒雅乐研的教师文化——教育叙事集》《高效达雅的课堂文化》《情趣高雅的课程文化》《博雅善思的学生文化》《雅行统一的活动文化》《优雅好学的家长文化》《怡雅畅心的健康文化》《和雅共生的安全文化》。

文化册

二、笃行至雅——学校文化发展的原动力

在"雅"文化理念的指导下，学校注重文化建设的执行力，进行了文化践行，形成了文化特色。

1. 雅致温馨的环境文化

学校注重校园环境的绿化、美化、细化、趣化、教育化，努力打造雅致温馨的环境文化，注重物质文化与精神文化并重、科学性与人文性相融，使校园成为一本活的教科书。"博雅笃行"的校训石尽显学校"雅"文化的底蕴；穿行在教学楼的每一层楼梯走廊，随处都有师生的寄语，"雅"文化润泽着每位师生的心灵；踏进每一间办公室，整洁、雅致又不失个性，真正实现墙壁文化教育人、长廊文化激励人的育人目标。

操场

书法室

走廊

2. 儒雅乐研的教师文化

学校明确提出"科研兴校、科研强师、质量强校"的办学思路，为塑造"教者儒雅、以研为乐"的教风，学校实施了提高教科研工作实效性的四项举措。组建了两支队伍：一是全员科研队伍，二是骨干科研队伍；构建了三个体系：组织管理体系、规章制度体系、课题研究体系；实施了四项工程：名师工程、新秀工程、青蓝工程、读书工程；落实了五个引领：目标引领、问题引领、方法引领、成果引领、活动引领。通过这四项措施，有效提升了学校的教科研水平，促进了教师的专业成长。近两年，学校先后有省市级立项课题19项，现有10项课题已圆满结题，2项课题荣获基础教育科研成果奖，教育科研走在全区小学的前列。学校教师在国家级、省级刊物上发表论文37篇。

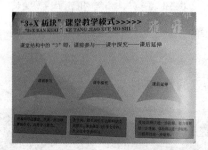

青蓝工程

学校教研

教师获奖证书

3. 高效达雅的课堂文化

在办学思想的引领下，学校相继探索、归纳、总结出着眼于学生全面发展的教学思想，其核心是在教学工作中强调学生的主体参与性。在此核心下，学校形成了"教学十意识""以学定教""教师在教学中勇敢地退、适时地进""无错原则""活而有序""教学有法，教无定法，贵在得法"等教学思想和要求，以及相对应的"3+X板块"课堂教学模式。此模式将课上课下、文本内与文本外、个体与集体的学习紧密地结合起来，真正在教学模式上保证了教学"三维目标"的实现。"3+X板块"课堂教学模式的内涵："3"即"三段式教学"，包括课前参与、课中探究、课后延伸。

课堂模式

学生交流

教师授课　　　　　　　　　　　学生认真听讲

4. 情趣高雅的课程文化

学校以"课程文化丰富'雅'文化，'雅'文化滋养课程文化，让学生丰富知识、拓展技艺、修身养性、陶铸思想、提高素质"为长远目标，为培养学生高雅的情趣，每周五下午都会开设校本课程。整个课程系统涵盖了20多门兴趣课程，涉及如今在青少年宫和校外培训机构所开设的众多课程。它们分别包括了绘画类：彩绘、儿童画、版面设计；习字类：毛笔字、钢笔字、铅笔字；手工类：航模、民间刻纸；体育类：田径、篮球、乒乓球、垒球、羽毛球、象棋、围棋；艺术类：舞蹈、合唱、课本剧表演；特色类：心理疏导、小记者、播音主持，等等。学生不分年级、班级，可根据自己的兴趣爱好或特长随便选择自己喜欢的课程，教师亦根据自己的特长参与课程系统的教学，这正是"雅行教育"理念指导下的"教"和"学"。学生的特长得到发展，做到了养长扬长，学习更多的知识，做更多的事，思考更多的问题，培养独立思维和创造能力，使个性得到充分发展。

课程文化体系介绍　　　　　　　　　体育课

书法课　　　　　　　　　　　　　　葫芦丝课

5. 博雅善思的学生文化

　　文雅的言谈举止、儒雅的礼仪形象、优雅的行为规范是文明公民理应追求的人格规范与道德标准，也是社会主义精神文明建设的要素。多年来，学校根据学生的年龄特征及成长规律，创造性地开展了以"学会做人，从雅言雅行开始"为文明礼仪规范教育的突破口，在学生学习生活的交往过程中开展雅行教育实践研究，加强道德建设，培养良好的行为习惯，提高学生的文明程度，促进人格健全，取得了很好的教育效果。同时，从构建和谐、高雅的校园入手，为形成和谐社区和文明社会做出有益的探索。雅行教育作为一个全新的课题，若能坚持不懈地开展下去，必将成为一种行之有效的教育模式和一个良性运作的教育体系，也必将深深地植入学生心中，成为学校德育工作的亮点和特色。

模拟法庭　　　　　　　　　　　　　环卫志愿者分队

清明扫墓

6. 雅行统一的活动文化

雅行教育是学校德育教育的重要组成部分。在开展雅行教育的过程中，学校一直努力探求如何将雅行教育扎根于学生的学习生活之中，以重实践养雅习、读经典修雅行、勤引导润雅德为途径，以校园六节（体育节、艺术节、英语节、科技节、读书节、足球节）为载体，让全体师生享受体育、科技、艺术的盛宴。同时，学校分年级落实"培养六雅阳光少年"的目标。低年级以"行为雅行"为目标，迈好成长的第一步；中年级以"学习雅行"为目标，迈好学习的第一步；高年级以"生活雅行"为目标，迈好人生的第一步。学校积极开展"雅行小天使"的评选活动，达成了"以学习促雅，以活动导行"的目的。雅行实践活动提高了学生的学习兴趣，培养了学生的能力，同时也丰富了校园文化。

体育节

足球节

科技节

7. 各雅其雅的班级文化

学校注重班级文化的建设，班级文化布置是班级文化建设最基本的内容。班级文化不仅体现班级的精神面貌，而且直接影响学生的心理健康。学校充分利用每一个空间，精心布置，使其既温馨舒适又催人进取。学校以"四建构"文化建设为抓手，形成特色班级文化建设的四大亮点：营造班级文化氛围，构建班级物质文化；建立健全规章制度，构建班级制度文化（班风班训等）；打造班级精神，构建班级精神文化；开展丰富的班队活动，构建班级活动文化。走进每间教室，各雅其雅的班级文化让每个班集体特色尽显。

智慧树

班牌

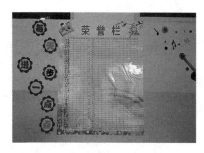

荣誉栏 　　　　　　　　　　　　健康成长角

8. 优雅好学的家长文化

学校一直都致力于通过家长学校的开展，将家庭教育与学校教育融合在一起，始终把办好家长学校纳入学校的整体工作计划之中，并切实加强管理。学校与家长应当在教育学生的过程中建立互相沟通、互相理解、互相配合的紧密联系，树立共同的教育目标，协调好学校与家庭两方面的教育力量。学校指导家长给予孩子正确的教育方向，将家庭教育争取到与自己同一条"战线"上来，形成和谐统一的教育环境。家长作为和孩子长时间生活在一起的人，自己的　举一动时时刻刻都影响着孩子的成长。学校不仅要引导家长做一名优美高雅的人；还要引导家长善于学习以树立终身学习的理念，崇尚学习而为构建学习型社会做贡献。学校定期开展家长课堂、家长培训、家长开放日等活动。

家长培训 　　　　　　　　　　　　家长经验分享会

家长开放日　　　　　　　　　　　　　　家长表彰大会

9. 怡雅畅心的健康文化

学校认真落实《中共中央国务院关于加强青少年体育增强青少年体质的意见》，树立"健康第一"的指导思想，逐步探索"每天一小时"体育活动的长效机制，成立了以校长为组长的阳光体育示范学校创建领导小组，为该项工作在人员、时间、经费上提供了保障。加大宣传力度，各班办一期黑板报，利用红领巾广播站大力宣传创建活动的目的和意义。以兴趣小组为载体，以大课间活动为突破口，落实体育艺术"2+1"项目，确保学生每天一小时的活动时间，掌握两项体育技能和一项艺术技能。学校本着"健康第一"和"把快乐还给学生"的原则，以创造和谐师生关系的指导思想设计了学校的活动，认真制定了《西固一小阳光体育活动方案》和《阳光体育活动制度》。学校的心理健康教育通过了甘肃省标准化心理咨询室验收，心理健康教育工作做到了制度化、经常化、规范化。

升旗仪式　　　　　　　　　　　　　　做课间操

心理咨询室

10. 和雅共生的安全文化

学校一直将安全工作摆在教育工作的首要位置。近年来，学校校长和教师都高度重视学校的安全教育工作。根据《中小学幼儿园安全管理办法》和《中小学公共安全教育指导纲要》，学校将安全教育工作纳入学校目标管理范畴，健全制度，完善机制，切实落实各项安全防范措施；认真开展以提高中小学生自护、自救、防灾、逃生能力为主题的教育活动，掌握基本的自护、自救、逃生和报警的方法；重视加强学生心理健康和法治教育，及时化解学生之间的纠纷和矛盾，防止校园暴力事件。学校倡导的和雅共生的安全文化继承了中华民族优秀传统文化，使全体师生都能做到少说漂亮话、多做实事，积极参加各种修身养性的活动，做到举止得体、言行文明、品德高尚、尊重他人，以自己的实际行为告别各种不良行为，坚持不懈地提升自身的道德素质，时时刻刻珍爱自己的生命，分分秒秒牢记安全第一，才能够真正做到用雅行约束自己，让每一位师生都争当"东方雅士"。人人争做好榜样，从而减少乃至杜绝学校安全事故！

消防知识讲座

应急演练

三、优雅形象——学校文化发展的新载体

（一）校徽、校花、校树

1. 校徽

学校的校徽设计活动经过理念学习、宣传动员、设计形象、三次筛选、专家评定、学校试用、确定运行等阶段，已完成最终设计。校徽的整体图案为完美和谐的圆形，象征着教师的精诚协作和学生的全面发展。内圈主体部分以朴素、庄重而不失雅致的咖啡色为主色调，象征着学校博雅的文化历久弥新。中心为学校基本理念"雅"的变形，左右两部分分别变形为一小一大两个"人"，分别代表学生和教师，二者合

校徽

而为"雅"，象征着教师必将以雅育雅，将学生培养成言行至美、秀外慧中、坚韧自信的"东方小雅士"。内圈下方为"梦"的首字母"M"的变形，寓意"雅"是全体师生共同的梦想。"M"下方为建校日期"1909"，诉说着学校悠久的历史。外圈为简洁明朗的白色，上书校名，象征着"西固一小"人必将坚持贯彻"博雅笃行"的校训，将学校建设成充满真、善、美的和谐校园。

2. 校花：玉兰花

玉兰花寓意圣洁纯净、庄严清澈、凌寒馨香，象征着师生人格的美好追求。玉兰花绽于春寒料峭之时，皎洁如玉，款款大方，乃"花中君子"；清香阵阵，沁人心脾，委实清新可人；迎风摇曳，神采奕奕，令人心生仰慕，正如"西固一小"师生竭力追求的言行至美、秀外慧中、坚韧自信的品性。

校花

3. 校树：国槐

国槐有胸怀祖国之意，天生就为校园而生！它们有着质朴的外表，开质朴的花，结质朴的果，是平凡的树。但是它们又不平凡，既馥郁葳蕤、绿意盎然，是极好的景观树；且木质坚硬、挺拔高大，可做栋梁材。它寄予了人们无尽的美好愿望和人文情怀，就像全体师生和学校的教育，普通平凡而又崇高伟大。校园内那一棵300多年的国槐，历经沧桑，枝干遒劲，阅尽人间春色，写满了"西固一小"雅行教育的发展与变迁，蔚为壮观。而那新长成的国槐也已叶茂根深，充满勃勃生机，预示着全体学生必将成长为一个个"东方小雅士"。

（二）实物形象

1. 文化形象

学校设计制作出拥有自己特色文化形象的物品，如请柬、纸杯、手提袋、桌签、材料盒签等，以此丰富学校文化形象的内涵。

2. 媒介形象

校报：学校创办校报《颐校扬帆》，分校园大观台、雅行校园、教海扬帆、菁菁艺苑四个版面，作为学校宣传和传播文化的主阵地。

校刊：校刊《颐校风铃》分学校管理、杏坛拾零、和谐家校、童心飞扬四个板块，记录学校管理层、教师、学生、家长践行"雅"文化的足迹。

简报：学校作为创先争优先进集体，通过支部党建简报，有效提升学校各方面的工作。

校门口电子屏：通过电子屏滚动显示学校的"雅"文化理念，同时显示学校近期获奖、工作动态等，作为学校向社会宣传"雅"文化的窗口。

总之，"最好是暂时的标志，更好是永恒的追求"。"西固一小"始终相信，当现代学校制度改革与"雅"文化建设交融在一起时，当"雅"转化为"西固一小"师生共同的内隐规矩和内隐概念时，"雅"文化就在"西固一小"植根，并借助文化的惯性不断扩大"雅"文化的半径，让"雅"文化走进更多的学校、家庭、社区。"西固一小"这样的"小学堂"，终将成为教师和学生一起走向幸福生活的"大雅堂"。

课程文化熠熠生辉 "三彩六艺"全面育人

教育部基础教育司相关领导曾指出："课程是学校一切工作的核心，是学校品质提升最重要的载体。学校品质提升必须依托学生每天都要接触的课程才能有效推进。学校要在开足开齐国家课程、地方课程的基础上，根据学生的发展需要和学校、社区的资源条件，组织开发富有特色的校本课程，形成学校独有的课程体系。……鼓励教师积极探索教学方法，提高课堂教学效率，努力减轻学生的课业负担，开展丰富多彩的校园文化活动，使活动课程化，发挥活动的育人功能，实现全方位育人。"

西固区福利路第二小学（以下简称"福利二小"）在学校教育教学改革的探索中始终明确，构建科学、体系完善的课程文化，促进学校内涵发展，是迈向教育现代化的重要步骤。学校始终将构建特色课程体系、打造高效课堂作为教育教学改革的核心工作。

美丽校园

一、"立人"文化理念引领下的"三彩六艺"课程

"福利二小"课程建设秉承"立德立行"的"立人"文化理念，确定了"三彩六艺"课程体系，共有三大板块、六个分支。"三彩"即国家课程、地方课程、学校课程的有机结合；"六艺"即六大素养培育、六种技能达成。

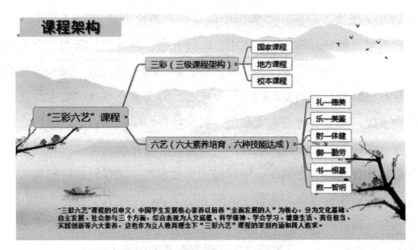

课程架构

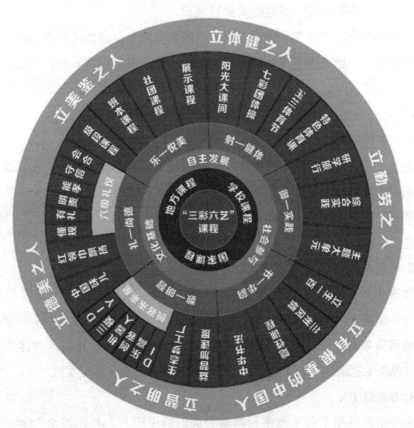

"三彩六艺"课程体系图

（一）"三彩六艺"课程体系缘起

《周礼·保氏》有言："养国子以道，乃教之六艺：一曰五礼，二曰六乐，三曰五射，四曰五御，五曰六书，六曰九数。"这就是所谓"通五经贯六艺"的"六艺"，亦即六种技能：礼、乐、射、御、书、数。课程改革发展到今天，学校以培养"全面发展的人"为核心，分为文化基础、自主发展、社会参与三个方面，综合表现为人文底蕴、科学精神、学会学习、健康生活、责任担当、实践创新等六大素养，这也作为"立人"教育理念下"三彩六艺"课程的深刻内涵和育人追求。因此，学校将"三彩六艺"课程目标明确为"六大素养培育、六种技能达成"。结合"兰炼一小"总校"立人"教育方针，学校将"三彩六艺"课程明确为六个层面的育人目标：立德美之人、立智明之人、立体健之人、立美鉴之人、立勤劳之人、立有根基的中国人。

（二）"三彩六艺"课程体系建设维度

"福利二小"关注文化建设之路，以课程文化建设促特色形成，是学校创新发展的需要，更是师生成长的需要。学校文化建设不仅是一种办学思想，更是一种实践模式。"三彩六艺"课程文化建设从四个维度展开探索与实践，即视野国际化、思想人本化、方式数字化和风格精细化。

1. 视野国际化

传统文化情怀下的国际视野造就有灵魂的中国人。面对当今文化发展的现状，从小学阶段就开始培养学生深厚的民族情结就显得尤为重要。中国的教育要培养有灵魂的中国人，因此"立有根基的中国人"成为"三彩六艺"课程育人的重要目标。

2. 思想人本化

健康自我视角下的以人为本造就可发展的中国人。每个人都要健康发展，并要懂得自己在未来的社会中究竟该怎么发展。中国的教育要培养健康生活、健康发展的中国人。在"三彩六艺"课程体系下，学校将"健体主题课程""悦美主题课程""实践主题课程"作为重要分支来探索实践。

3. 方式数字化

全球信息网络下的交流平台造就善应对的中国人。教师教给学生一套理念、一种思想、一种价值追求，显然远远不够。如果没有从容应对国内外社会变化的能力，所谓的"可持续发展"就难以实现。

4. 风格精细化

教育基本追求下的服务手段造就幸福的中国人。随着课程研究的不断深入，也引出了学校要思考的核心问题：学校为学生提供教育服务的平台，应该为学生的健康发展、健康成长做些什么？中国的教育要培养有幸福感的中国人，学校应该培养学生哪些幸福生活所必不可少的能力？

学校办学思想的提出与学校文化的形成不是一朝一夕的事情，也不是一劳永逸的事情，要随着时代的发展、实际工作的需要不断完善。学校历史脉络是变的根基，教育改革背景是变的理由，学校发展现状是变的条件，提出办学思想是变的理想，生成新的文化是变的途径，实现内涵发展是变的价值。"福利二小"不仅要沿袭之前优秀的环境风格、人文风格、课程精华，更要建设现代化、精品化的特色学校。当新的生成——课程文化在学校文化中存在的时候，学校就会在创新中得到整体提升。

"三彩六艺"课程的提出综合了以上维度，促进了学生的全面发展、自主发展和个性发展，已成为学校亮丽的课程名片，承载着"福利二小"课程文化的高品质育人追求。

二、六大主题课程承载"六立"育人目标

（一）尚德主题课程涵养德美少年

围绕"立德美之人""立德为先"的育人目标，"三彩六艺"课程的第一板块便是尚德主题课程，共有三个分支：中国味儿、红领巾飘扬、六级礼仪。

1. 中国味儿

以中国传统节日为主题，通过节日前后在学生家庭、学校开展的一系列活动，增强学生对传统节日文化的认同感，激励他们对家庭、学校和社会的责任感，从而培养他们勤劳节俭、文明孝亲和爱国进取等中华民族传统美德。中华民族优秀的道德品质、优良的民族精神、崇高的民族气节、高尚的民族情感以及良好的民族习惯，都会在这里得到彰显。

升旗仪式

2. 红领巾飘扬

学校以少先队主题活动为依托，纳入启智礼、嘉年华、建队日等特色少先队活动。

建队日   启智礼

2010年，国务院发布了《国家中长期教育改革和发展规划纲要（2010—2020年）》，指出："坚持德育为先、立德树人，把社会主义核心价值体系融入国民教育全过程。"

2012年，教育部发布《教育部关于加强中小学少先队活动的通知》，明确要求各省、自治区、直辖市教育厅（教委）以及新疆生产建设兵团教育局，充分认识加强少先队活动的重要意义，确保少先队活动时间。少先队活动要作为国家规定的必修活动课，小学一年级至初中二年级每周安排一课时。

2015年，团中央全国少工委组织修订了《少先队活动课程指导纲要（试行）》（以下简称《指导纲要》），并发布通知，要求各省、自治区、直辖市各级少工委，面向基层中小学少先队组织推广使用好《指导纲要》，做好少先队活动课建设。

因此，学校以每月集中主题活动的方式落实国家层面的立德树人目标。

例如，每年九月，学校举办启智礼活动。中国是礼仪之邦，崇礼尚德、尊师重教更是中华民族的优秀传统。该活动在继承传统文化精髓的基础上，结合总校"立人"文化，融入现代元素，旨在通过隆重的仪式，让踏入人生求学阶段的一年级学生，把上学求知看成一项神圣的使命，懂得读书长智、孝敬师长、仁爱感恩。每年六月，学校举办嘉年华活动，通常以一大主题四大板块彰显时代教育特色，展示学校教育的丰硕成果。

嘉年华

3. 六级礼仪

"福利二小"结合学生的现状，分为"懂规""有礼""明责""能孝""守信""会合"六门分年级的礼仪课程。既给学生提出了明确的行为达成目标，又为学生的行为教育指明了方向。

（二）明智主题课程成就睿智少年

围绕"立智明之人"的育人目标，"福利二小"的"三彩六艺"课程第二板块便是明智主题课程。该课程由益智加速度、生态梦工厂、创科未来星三大分支构成。

1. 益智加速度

自2016年秋季开始，魔方、七巧板、捆仙绳、鲁班锁等传统益智器具走进"福利二小"的课堂。课程开设两年以来，益智器具种类增至33种，且收效明显，多节益智展示课在各类活动中均获嘉誉。益智课程的开设不仅提高学生观察、分析、逻辑思维和空间想象的能力，还传承了传统文化。学生用优异的成绩证明了只要坚守就有收获。

益智课程

2. 生态梦工厂

"树叶博览园""蚂蚁的世界""渐渐长大""身体奇遇记"……这些从科学课中提炼的科学主题大单元活动，激发了学生探究大自然的兴趣，培养了他们热爱大自然的情感，在他们心中种下科学的种子。

3. 创科未来星

学校严格落实兰州市中小学科技创新"飞天计划"中"六个一百"工程项目，做好科普专家进校园、科技大篷车进校园等活动。通过开设DI创新思维、三模、创客、乐高、机器人课程，激发学生参与科技创新的兴趣，普及科技知识，努力培养学生的创新精神和实践能力。

机器人大赛

（三）健体主题课程塑造健康少年

"三彩六艺"课程的第三大板块是健体主题课程，达成"立体健之人"的综合育人目标，由阳光大课间、多彩团体操、玉兰体育节和特色体育课四大分支构成。

　　一直以来，阳光体育、阳光育人已成为"福利二小"的特色和品牌。2005年、2007年、2009年、2018年，学校的大课间活动均获西固区第一名，另获兰州市第一届、第二届百所中小学优秀大课间小学组优胜奖。其中，功夫扇自编操获2005年兰州市首届百所中小学优秀自编操小学组二等奖，剑术自编操获2007年兰州市第二届百所中小学优秀自编操小学组二等奖，在全区范围内多次展演与交流。

"我们的鸡爸爸"活动

阳光体育、阳光育人图书

　　"福利二小"在课程改革建设的进程中逐步实现学生、教师、班级、年级、学校多维参与体系。同时，学校积极开发健康向上的阳光体育校本课程，以"阳光、快乐、健康、发展"为最终目标，相继创编了三套形式活泼、风格迥异的融多种教育功能为一体适合全员参与的校园自编操（"功夫扇""剑术""竹板舞""旗语操"）、手语操（"感恩的心""游子吟""鹿寨"）和扇舞（"老师的目光"）等课程，成为学校的特色校本课程。

武术操

　　学校音乐教师将舞蹈元素有机融入自编旗语操"福二之声"中，根据学生的生理和心理特点，选用了节奏感较强的军旅歌曲。在动作编排上，节奏明快的舞蹈动作和大量运用的队形变化，向外界传递了一种坚韧不拔、乐观向上的意念和精神。从学生优美舒展的身姿、庄严肃穆的表情中，感受一种新鲜情感带来的冲击力。

"功夫扇"是学校体育教师学习借鉴中老年太极"功夫扇"创编的。教师将扇子的挥舞和太极的运动技巧灵活结合，将武术动作与歌曲《中国功夫》巧妙结合，内容丰富新颖。学生在载歌载"武"的演练中，彰显了武术神韵，体现了团队精神；在轻松欢愉的氛围中，实现了对中华传统武术由欣赏到感受再到继承的情感飞跃。

放松手语操"感恩的心"伴随着歌曲《感恩的心》，让学生的心灵得到圣洁的陶冶和洗濯，激发了学生内心坚韧不拔、誓与命运抗争的潜质。在配乐古诗《游子吟》优美舒缓的音律中，放松手语操特有的肢体语言将学生对慈母的一片深笃之情传递出来，朴素自然，亲切感人。在对美好诗歌形象而生动的手语诠释意境中，在心灵的升华净化中，全体师生绘就了"福利二小"阳光体育、阳光育人的美丽画卷。

独轮车运动

2015年，《人民教育》刊登了题为《没有了体育，教育就不完整》的文章，报道"福利二小"阳光体育活动风采，反响强烈。

自2016年一体化办学后，"福利二小"同"兰炼一小"深度融合，相机开设了独轮车、足球、旱地冰球等特色体育课程，有机纳入国家体育课的开设中。与此同时，体育活动以多元方式展开，春季田径运动会、秋季达标运动会、"校长杯"足球联赛，等等。矫健的步伐，洋溢着阳光的笑脸，欢乐的运动场、昂扬的精神风貌，丰富了学生的活动方式，提升了学生的身体素养。

运动会

（四）悦美主题课程培育特长少年

"三彩六艺"课程的第四大板块是悦美主题课程，分为级段课程、班本课程、社团课程、展示课程四个分支。

国务院办公厅印发《关于全面加强和改进学校美育工作的意见》，提出："加强和改进学校的美育工作，必须全面贯彻党的教育方针，以立德树人为根本任务，把培育和践行社会主义核心价值观融入学校美育全过程，根植中华优秀传统文化深厚土壤，汲取人类文明优秀成果，引领学生树立正确的审美观念，陶冶高尚的道德情操，培育深厚的民族情感，激发学生的想象力和创新意识，使学生拥有开阔的眼光和宽广的胸怀，培养德智体美全面发展的社会主义建设者和接班人。"

"福利二小"结合学校特色，依据教师特长，综合设计悦美主题课程的实施体系。

1. 级段课程

为有效落实教育部体育、艺术"2+1"项目目标，学校在音乐课程中植入器乐教学，在低年级、中年级、高年级分别植入奥尔夫、陶笛、葫芦丝三种器乐教学。

2. 班本课程

班本课程顾名思义，是以班级为单位，师生双方共同开发的富有班级特色的课程，是班级文化建设中比较高端的内容。班本课程的设置，使班级文化建设更上一个台阶，也使课程体系层次更加丰富，个性化更为明显。

班本课程

"福利二小"遵循"班班有特色，各个有发展"的育人理念，充分发挥班主任教师的特长，开发了"石头画""刮蜡画""成语绘画""剪纸"等多个班本系列课程。

"福利二小"位于兰州市。兰州是一座黄河穿城而过的城市，母亲河更是馈赠给兰州人形形色色的黄河石。这些黄河石形态各异，适合进行绘画创作，于是五年级（1）班的师生开发了以黄河石为原料的班本课程"石头画"。

"石头画"课程作品

汉字是中华民族的艺术瑰宝，蕴涵着丰富的文化内涵。在汉字的文化艺术宝库中，由多个汉字组成的成语是最耀眼的明珠。为了知晓成语背后的精彩故事，理解成语的含义，体验中华民族传统文化的博大精深，四年级（1）班开发了班本课程"成语绘画"。

五年级（2）班开发了班本课程"编织"。编织是一种很雅致的手工艺术，也是很多人陶冶生活情趣的乐园。课程给予的不单是感受作品的自然之美，更重要的是领略到艺术创作所给予的成就感和展示自己心灵手巧的自豪感。

"编织"课程作品

班班有特色，人人有发展，异彩纷呈，百花齐放。在班本特色课程的开发和实施过程中，教师和学生的主观能动性得到极大的发挥，教师从事教育的综合素养、学生的艺术修养得到充分提升，充分落实"让每一名学生都得到成长"的育人目标。

3. 社团课程

学校社团课程秉承"德能双馨"的育人目标，以"文明、进步、多元、和谐"为主线，以"泽能润德"为切入点，从感恩教育奠基、行为习惯培养、特色教育、体验活动创新、给学生一生的幸福、给家长永久的喜悦、给社会良好的回报等方面入手，逐步挖掘让学生快乐成长的素质教育特色。

欢乐的武术社团

学校经过周密的调查，根据学生的需求，结合学校实际，选配了有一定专长的教师担任辅导员。绘画班、书法班、花艺班、合唱班、编织班、经典诵读班、口风琴班、舞蹈班等悦美主题课程，活动时间确定为每周二、五下午的4∶30—5∶30。为了使社团活动不流于形式，学校为活动班配备了相应的活动器材、物品，提供了固定的活动场所，并做了精心的装饰和布置。这可以使学生在优美、舒适、具有艺术气息的活动场所里尽情发挥自己的特长，陶冶情操，切实发挥学校社团活动的育人作用；使社团活动成为学生校外教育的活动中心，以及德育与艺术教育、精神需求、个性发展、特长培养的活动基地。全校学生在丰富的社团活动中接受先进教育理念的熏陶，锻炼自我、亲近社会、学会合作，培养良好的个性和思维习惯，养德修身，从而成为一个自信豁达、明晓事理、乐问善思的人。

教师穿着汉服教授学生学习书法

中国著名书法家苏士澍为学校师生赠送墨宝

4. 展示课程

"二小好声音""二小好舞蹈""器乐小能手"是悦美课程搭建展示成果的舞台。在实践的过程中，学校深刻认识美育对促进学生全面发展、建设文化强国与增强文化自信、推动社会全面进步与促进经济社会协调发展的重要作用，进一步提高了对学校美育地位、功能、价值的认识。

"二小好舞蹈"展示

（五）实践主题课程孕育幸福少年

"三彩六艺"课程的第五板块是实践主题课程，围绕"立勤劳之人"的育人目标开设，由研学旅行、综合实践两大分支组成。

1. 研学旅行

由学校根据区域特色、学生年龄特点和各学科教学内容需要，组织学生通过集体旅行、集中食宿的方式走出校园，在与平常不同的生活中拓宽视野、丰富知识，加深与自然和文化的亲近感，增加学生对集体生活方式和社会公共道德的体验。研学旅行继承和发展了我国传统游学——"读万卷书，行万里路"的教育理念和人文精神，成为素质教育的新内容和新方式，提升中小学学生的自理能力、创新精神和实践能力。

研学旅行

2. 综合实践

综合实践活动是以学生的直接经验或体验为基础开发和实施的。"福利二小"的综合实践课程坚持三个层面的开设原则：一是坚持学生的自主选择和主动探究，为学生个性的充分发展创造空间；二是面向学生的生活世界和社会实践，帮助学生体验生活并学以致用；三是推进学生对自我、社会和自然之间内在联系的整体认识与体验，谋求自我、社会与自然的和谐发展。让学生在体验与探究自然中不断成长、在参与和融入社会中不断成熟、在认识自我中不断完善，谋求学生自我、社会与自然的和谐发展是综合实践活动的终极追求。

综合实践

（六）华韵主题课程发展博学少年

围绕"立有根基的中国人"的育人目标，学校开发了华韵主题课程，由立生一百、经典传承和隐性课程三个分支组成。

1. 立生一百

立生一百即百本好书、百首名曲、百部经典、百幅名画。学校将中国传统文化和世界优秀文化相结合，甄选了适合学生阅览、欣赏、观看的文学、音乐、影视、书画作品，提升学生的综合素养和人文底蕴。

"我和国旗"主题活动

2. 经典传承

学校自主开发校本课程"国学馆"，纳入小学生必背古诗词，坚持晨读、午诵、路队吟，让学生的每一天都与经典同行。

为了将地域特色和兰州的风土人情呈现在学生的视野中，培养学生从小热爱家乡、认同家乡的美好情感，"福利二小"充分挖掘兰州的悠久历史和灿烂文化等丰富课程资源，开发了校本课程"兰州风情"。该课程共分山水、美食、文化、历史和世纪五个板块，引领学生了解地方文化风情，从而热爱家乡，长大了建设家乡，具有积极的现实意义和宝贵的价值。

3. 隐性课程

学校的楼宇文化是一门隐性课程，教学楼的诗词苑、名人廊，综合楼的世界之窗、红色基地、书润童心、书艺飘香、春华秋实、科技博览，学校的每一部分都静静地给予学生不一样的世界。

教育永远是朝阳事业，随着时代变化而变化；教育永远是具有挑战性的事业，总是面临新的问题与挑战。

2014年，教育部印发了《关于全面深化课程改革落实立德树人根本任务的意见》，提出"教育部将组织研究提出各学段学生发展核心素养体系，明确学生应具备的适应终身发展和社会发展需要的必备品格和关键能力"。"三彩六艺"课程文化体系的建设，呈现给教师和学生一片新的探索星空，即除了与国家课程、校本课程联动，地方课程"社会大课堂"还要成为学校"六艺"教学目标达成的"社会大课堂"。学校力求通过"整体推进三级课程，构建'三彩六艺'课程文化"，提升学生核心素养及三大层面、六大素养、十八个基本要点的综合全面发展。"立人"教育理念下"三彩六艺"课程的各个分支并不是孤立的，它们互为补充、共生共长，为提升学生的综合素养共同服务。

回望过去，学校要继续优化升级优势和特色。特色与优势是学校的支柱和窗口，优化升级优势和特色为"三彩六艺"课程持续创造新的品牌效应。

放眼未来，学校应拓展学校教育的增长空间，结合自身的特色传统和文化资源，在原有课程的基础上，将富有学校自身特色的教育实践进行梳理、改造、深度开发，从课程设计的高度整体规划学校的课程体系，为学生的健康发展提供更适切、充分、有效的教育！

践行文化立校　实现品质提升

学校文化作为一种教育力量，其终极目标就在于创设一种氛围，以期陶冶学生情操，构建学生的健康人格，全面提高学生素质。学校文化营造的育人氛围无时无刻不在发挥着潜移默化的作用。多年来，学校一直积极创造净化、美化的人文环境，力争成为师生快乐成长的乐园，本着"以人为本，和谐发展"的根本宗旨，以"玉润"为学校文化核心理念，以"走在玉润路上，创造如玉人生"为文化品牌，以"言行立品玉润成学"为校训，以"美的教育雕琢美的人生"为教育愿景，从璞玉、润玉、美玉三个层面不断深化学校文化，以"1355"育人系统为抓手，形成了充分展示学校个性魅力和办学特色的学校文化——"玉润"文化。

一、精神力文化——学校文化发展的核心

兰州市西固区玉门街小学始建于1964年，历经了五年制小学、初级中学、完全高中和六年制小学。在半个世纪的风风雨雨中，一代又一代玉门街小学人用勤劳与智慧精心装扮着美丽的校园，用努力与拼搏精心打造办学特色，用爱心与责任为每一名学生创造可持续发展的教育生态空间。玉门街小学的校名中有一个"玉"字。学校视新加入的学生、教师、家长为一块璞玉，需要学校教育不断的润泽才能成长为美玉良才。于是，学校将校园文化凝练为"玉润"，并将校训、校风、学风等融入校园文化中，让师生耳濡目染，从而逐渐成为全校师生的一种普遍共识和价值观，形成学校无形的人文精神。

玉门街小学的核心思想

1. 核心理念：玉润（走在玉润路上，创造如玉人生）

《礼记·聘义》中说："君子比德于玉焉，温润而泽，仁也。"以"玉润"比喻美德。学校以"玉润"为核心理念，意为以玉的美好品性影响学生，使学生成为具备美玉品质的良才，具有"宁为玉碎"的爱国民族气节、"化为玉帛"的团结友爱风尚、"润泽以温"的无私奉献品德、"瑕不掩瑜"的清正廉洁气魄和"锐廉不挠"的开拓进取精神。

玉门街小学的核心理念

2. 办学理念：为每一名学生奠定幸福人生

教育要让每一名学生成为社会未来的建设者和幸福人生的创造者，学校办学毫无疑问应该成为促进学生未来发展的奠基工程。

3. 特色育人目标：各美其美，美美不同

"各美其美，美美不同"，这不仅是尊重多元文化的体现，也是尊重多元教育的体现。特色学校的存在与发展，正是"各美其美，美美不同"理念在教育中的升华。

"各美其美，美美不同"包含两重意思：一方面是虽然大家不同，但是大家都有各自的优势；另一方面是因为各有所长，所以大家都很出色。

学生与学生之间是存在差异的，不可能所有人都能整齐划一地达到同一个标准。每一位教师都要牢牢记住"各美其美，美美不同"，让学生保持各自的特点，承认差异、尊重差异、因材施教，给学生个性的空间和成功的机会。

"各美其美，美美不同"表达了世上事物因交融而灿烂辉煌，因各异而百花齐放。

4. 教育愿景：美的教育雕琢美的人生

美的教育是指按照美的规律来整合教育资源，从而创造出教育自身的美，使教育活动从物质到精神，从教师、学生到教学、管理、学校环境等一切都是美的，走进教育的过程也同时走进了美。师生在美感愉悦与精神自由中一起学习与成长，教育过程成为一种表现美学智慧与价值观念的活动。美的人生是指师生在教育教学中追求美、享受美的过程，运用美的教育铺就教师美好的教育人生，描绘出学生的美好前途。

走在玉润路上，创造如玉人生

5. 校训：言行立品，玉润成学

高尚的品行，始于童蒙时期，浸于言行之中，成于点滴积累。对于教师来说，要以道德引导道德，即注重自身修养，立师德、树师品，潜移默化地将美德深植于学生心中。学生要从小事做起，关注身边之人，不弃小诚，不废小礼，真正做到"言必信，行必果"，一言一行至真至诚；真正做到"言有规，行有范"，养诚信品格，为人生奠基。

学生犹如一块璞玉，需要教师的精心打磨、知识的无声润泽才能绽放光华，从璞玉浑金变成美玉良才。学校注重师生的发展，着力创建书香校园，让教师树立终生学习的理念，不断丰厚知识、积淀智慧，成就对学生的涵养润泽之功。鼓励学生日日向学，勤于学、明于知、践于行，积跬步以至千里，用勤奋和智慧雕琢自己的灿烂人生。

言行立品，玉润成学

6. 校风：崇德，求真

崇德就是崇尚道德。君子厚德载物，做人要德才兼备。学校在前所未有的广度和深度上，弘扬厚德载物的伟大精神，要求师生在做人做事方面顺应自然，胸怀博大，宽以待人。

求真就是求是。陶行知先生说过："千教万教，教人求真。千学万学，学做真人。"一个"真"字，道出了教育的根本、做人的真谛。在学校教育中，唯真才善，唯真才美，唯真才坚。

"崇德，求真"已构成学校精神与学校性格的重要特征。

7. 教风：敬业，爱生

敬业是教师的基本素质，教师要有高度的事业心、责任心，爱岗敬业、执着追求，要以满腔的工作热情投入到教育工作中。冰心老人说："爱是教育的基础，是教师教育的源泉，有爱便有了一切。"心中有爱，教师才能够全身心地投入到教学中去。只有爱学生，才能在教育学生的过程中做到因材施教、因人施教，使每一个教育个体焕发光彩。

8. 学风：乐学，善思

乐学就是乐于学习，就是要在学习中寻找快乐。孔子云："知之者不如好之者，好之者不如乐之者。"卢梭也说："教育的艺术是使孩子喜欢你所教的东西。"只有喜欢学习、乐于学习，才能激发起学生更强的学习动机，才能真正感受到"以中有足乐者，不知口体之奉不若人也"的学习境界。

善思就是善于思考，《论语》中就有"学而不思则罔，思而不学则殆"。思考是人生最大的快乐，善思是打开一切宝库的钥匙，只有善于思考才能取得好的学习效果。

二、形象力文化——学校文化发展的名片

（一）学校标识活泼清新

1. 校徽设计理念

校徽整体图案为和谐的圆形，象征着教师的团结协作和学生的全面发展。外圈主体部分以稳重、厚实的深蓝色为主色调，有广博、开阔之意，象征着学校的发展像蓝天一样广阔无边。中心图案是"玉润"的首字母"Y"和"R"的抽象组合，颜色为象征灿烂辉煌的金色。同时，字母"Y"如一棵出生的小苗，字母"R"如园丁伸出手臂呵护小苗状。右上方的圆是一轮冉冉升起的太阳，象征着学生犹如璞玉一般，在

校徽

和煦阳光的温暖下，在教师的仁爱润泽下，璞玉浑金才能绽放光华，成为美玉良才。

整个图案蓝、白、金三色简洁搭配，大气严谨，典雅庄重，体现了阳光、快乐、幸福的校园生活和玉门街小学人用"美的教育雕琢美的人生"的教育愿景。

2. 校花：丁香花

丁香花品性温柔，却不缺乏热烈；素装淡裹，却有许多的内秀，寓意着勤奋、谦逊，象征着学校的良好校风。

校花

3. 校树：国槐

棵棵槐树，绿冠成荫，生机盎然，象征着玉门街小学吉祥、幸福、美好的校园风貌。国槐开着许多小黄花，花很小，密密匝匝，团团簇簇。鹅黄而又近乎白色的花瓣，像一只只抱紧的蝴蝶，相互贴着，不善张扬，宛如母校怀中的学生。槐花散发出来的淡淡清香扑面而来，沁人心脾，象征着玉门街小学温润无声的教育。

校树

4. 校歌：《校园的早晨》

歌曲《校园的早晨》是著名作曲家谷建芬和诗人高枫的作品。清晨，晨姑娘带着阳光、希望，唤醒了沉睡中的万物。学生背着书包来到学校，开始了一天的学习生活。教室里、丁香花旁、国槐树下，传来学生琅琅的读书声，校园里充盈着浓浓的书香。每次大型集会，学生都会唱起这首熟悉的歌曲，用歌声由衷表达对校园生活的向往和赞美。

（二）环境文化浸润心灵

1. 楼宇文化科学系统

学校一楼文化大厅分别从"玉润"文化品牌及形象力、精神力、执行力三大系统、四个方面，全面细致地阐释了学校的核心文化内涵。

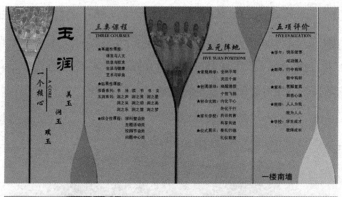

文化大厅

在"玉润"文化的统领下，教学楼二至五层分别以"爱、德、思、美"为主题设计文化墙。楼道以好习惯为主旨，延伸了润之礼、润之仪、润之情、润之善、润之勤、润之真、润之理等十八个系列，图文并茂，规范学生言行。学校充分利用楼梯拐角空间，设计了六个蜂巢形师生书吧，主题鲜明，独具匠心，是师生休憩和展示特长的天地。东、南、北三面楼梯分别以传统文化、教师书画、学生绘画为内容，以春风化雨、润物无声的方式陪伴学生成长，实现文化熏陶渗透。

2. 环境文化底蕴深厚

学校的两廊一厅，即璞玉廊、美玉廊、润书亭，与校园和谐相融，构思巧妙，大气浑然，设计理念与学校办学理念紧紧呼应。璞玉廊两侧的对联"玉在璞中不识宝，剖开方知世上珍"言简意赅，寓意深刻；润书亭散发着浓郁书香，驻足其中，感受"读万卷书、行万里路"的诗情画意；美玉廊中聆听琅琅书声，品读"书山寻宝、学海泛舟"等古今圣贤的劝学名言。

修葺一新的塑胶操场是学生的乐园。步入其中，东侧的文化围墙以"印象甘肃"为内容，涵盖了"红色甘肃""山水甘肃""文化甘肃""现代甘肃"等相关知识板块，激发学生热爱家乡的情感；节气路造型优美，现代化气息浓厚，清晰简明的二维码引人注目，绿叶、鲜花、红枫、白雪代表四季，知识浅显，便于记忆；安全广角是师生安全教育的实践基地，其中布置了警示、指示和禁止三类交通安全标识，学生穿梭其间，蹦跳欢愉，铭记"幸福就在脚下"；体育运动的卡通形象掩映在操场北侧的绿篱之中，红、黄、蓝三原色引人注目，造型活泼可爱，"我运动，我健康，我快乐"的口号朗朗上口，深入人心。漫步于校园，处处可以感受到师生热爱生活、追求卓越的阳光心态。

我运动，我快乐，我健康

3. 班级文化时尚现代

本着实用美观的原则，学校力求做到让四壁说话，让每一堵墙成为"无声的老师"。班主任根据学生爱好和班级特点，精心设计班级文化：凭借电子显示屏宣传载体，提炼班级精神，确立班风班训，制定班级公约，展现班级特色。为教室量身打造的班级收纳柜功能齐全、清新美观，具有博古架、图书角、宠物阁、清洁工具区、作业容纳区等不同区间，成为教室里一道亮丽的风景；班级评比栏、黑板报、四表一栏、校务通等布局合理，将过程性评价和结果性评价融为一体。班级文化以直观形象的视觉效果，使学校文化向纵深发展。

三、执行力文化——学校文化发展的抓手

学校将文化和教育教学实际融为一体，确定了"1355"育人工程，即一个核心：玉润；三类课程：基础类、拓展类、综合类；五元阵地：常规教学、社团活动、社会实践、家长学校、仪式展示；五大评价体系：学生、教师、家长、班级、学校，形成了玉门街小学独有的特色文化。

1. 一个核心

玉润。

2. 三类课程

基础类课程

语言与人文、信息与技术、生活与健康、艺术与审美。

拓展类课程

（1）书香系列：书法、读书、书文。

（2）玉润系列：润之声、润之灵、润之墨、润之采、润之畅、润之梦、润之影、润之颂、润之美、润之乐、润之慧。

（3）诵读系列："尚学路上《弟子规》""尚学路上《三字经》""尚学路上《千字文》""尚学路上《笠翁对韵》""尚学路上《论语》节选""尚学路上《大学》《中庸》《孟子》节选"。

（4）我爱系列：我爱礼仪、我爱画画、我爱剪纸、我爱办报、我爱书法、我爱学校。

（5）童年记忆系列：指间留韵、少年锦时、妙笔灵石、落英缤纷。

综合类课程

学科整合类、主题活动类、校园节会类、问题中心类。

3. 五元阵地

常规教学：全纳平等，关注个体。

社团活动：唤醒潜质，个性飞扬。

社会实践：内化于心，外化于行。

家长学校：共识共育，共享共进。

仪式展示：奉礼行德，礼仪有度。

4. 五项评价

学生：快乐做事，成功做人。

教师：行中有样，教中有新。

家长：善解童真，洞悉心语。

班级：人人为我，我为人人。

学校：学生成才，教师成长。

（一）创新制度文化促保障

1. 建章立制，管理规范

章程是学校履行职责的行动指南。2015年3月，根据市教育局的要求，学校多次召开会议，深入开展调查研究，广泛征求校内外意见，数易其稿，不断完善，最后依据《中华人民共和国教育法》《中华人民共和国教师法》《中华人民共和国未成年人保护法》等法律法规，制定《玉门街小学章程（讨论稿）》（以下简称《章程》）。《章程》对学校的理念文化、治理机构和运行体制、教育教学管理、学生和教师管理、资产管理等进行了规定，为规范学校办学行为指明了方向，对学校办学活动起到引领作用。

2. 三级管理，特色显著

学校拥有一支团结务实、廉洁高效、勇于创新的领导班子。学校管理实行校长负责、书记和副校长分担、各科室责任制的三级分层管理体系，具有创新性、示范性和人文性，实现了"时时有人管，事事有人管"的管理目标。学校以量化管理为中心，逐步制定并完善了《玉门街小学领导班子工作职责及分工安排》《玉门街小学教育教学绩效发放暂行办法》《玉门街小学年度考核办法》《玉门街小学班主任考核办法》《玉门街小学班级量化考核标准》《玉门街小学门卫制度》等管理细则，增强了竞争意识和合作精神，实现了从决策到实施的短程化，使学校的管理更趋人性化、精细化、民主化，提高了管理效率。

（二）彰显教研文化重提升

1. 科研文化，效果显著

学校教育科研实行"五级管理模式"，即校长、教科室主任、教研组长、课题组长、教师个人五级管理体系。组织机构健全，职责分明，任务层层落实，引领全体教师树立为教育教学服务的意识，加速推进学校教科研进程。

2. 课程文化，五彩缤纷

学校加强课程管理，开齐、开足、开好国家课程和地方课程，并以学校课程资源为基点，依托"唤醒潜质，个性飞扬"的少年宫，开设了全员参与、自选菜单式的十八个"玉润"系列课程，包括润之声合唱团、润之灵舞蹈队、润之墨书法社、润之采绘画社、润之乐足球队、润之梦体操队、润之慧科技苑、润之颂朗诵团等，实现了自主选择、因材施教的目标；以"经典引领，文化立校"为抓手，以开发与实施过程为主线，开设诵读课程"尚学路上《弟子规》""尚学路上《三字经》""尚学路上《千字文》""尚学路上《笠翁对韵》""尚学路上《论语》节选""尚学路上《大学》《中庸》《孟子》节选"，晨诵午读，打造书香校园；学校在认真开展"写字"这一地方课程的同时，积极拓展延伸"三书"课程，即"读书——教会学生读一本好书，书法——教会学生写一笔好字，书文——教会学生写一篇好文章"。

3. 课堂文化初见成效

学校以课堂教学为主阵地，针对教育教学的重难点和新生问题，着力倡导、探索、构建"5X"高效课堂教学模式，提升学校中长期发展的内驱力。"5X"即五种课型架构：自研课、展示课、训练课、培辅课、反思课；五个学习环节：课前导学、课内互学、课中促学、课堂练学、课后拓学；五级备课步骤：个人初备、集体研讨、整理定稿、课堂实践、评议反思；五项评价指标：学生——快乐做事、成功做人，教师——行中有样、教中有新，家长——善解童真、洞悉心语，班级——人人为我、我为人人，学校——学生成才、教师成长。"X"是教师教学设计的无限延展，将文化的触角延伸到课堂，让课堂充满文化味，使师生的生命在学校中得到舒展、生长。

4. 团队文化常态均衡

学校主抓队伍建设，落实教师培训。通过课堂教学、校本教研、校本培训、教学评优、一体化办学、结对帮扶等途径，关注教师的专业成长；通过示范课、研讨课、优质课、教学比武等多项教学活动，提高教师的业务素养；通过外出学习、参观、培训，开阔教师视野，更新教学观念。2015年，学校选派100多名教师分别赴上海、云南、安徽、北京、深圳、青岛、银川、杭州等地培训学习，在国家、省、市级课件、教学设计、案例、论文等比赛中获奖达200余人次。

教师在培训中不断交流思想，反思教学过程，使学习资源得到共享，真正做到"一人学习，全校受益"。学校创建校本教研QQ群，规范教育教学日志，及时整理、筛选编辑校刊校报《璞玉生辉》栏目"教师心声""学生心语""家长语言""玉小每一天""绽放的丁香"，使其成为提高教师教育教学水平的有效平台。

（三）关注学生文化建共育

1. 假期作业，别样体验

2015年暑假，学校进行了假期作业改革，取消了以往征订假期作业的惯例，创造性地布置了和生活息息相关、学生乐于实践的作业，让学生走进社会、走进自然、体验生活、感悟成长，真正成为作业的主人。开学后，经过筛选分类，以"指间留韵""少年锦时""妙笔灵石""落英缤纷""炫彩暑假"五个主题进行展示。学生的手工作品妙趣横生，形式多样的钟表构思新奇，石头画拙中取巧，树叶画缤纷绚丽。学生在自己编撰的"书"中品诗论词、挥毫泼墨、书写童真，体验"我的假期我做主"的幸福与快乐。

2. 实践活动，伴我成长

流动课堂，丰富校园。在"学雷锋见行动"活动中，学生走上街头清洗栏杆、拾捡烟头、清理垃圾，劝导行人文明出行，进入社区慰问孤寡老人；在"模拟法庭"活动中，学生在西固法院刑庭现场举办法治教育宣传活动，做法律知识的学习者、传播者、实践者；在"浓情九九，感恩孝老"活动中，学生与社区老人共度重阳节，为他们表演节目，送去祝福……流动课堂丰富了学生的校园生活，浸润了学生的心灵。

文体活动，全纳平等。遵照全纳与平等的原则，学校积极开展"悦动童年，玉润人生'六一'才艺汇演""寻找汉字英雄听写大赛""阅读让成长更精彩知识讲座""'铭记历史，传承美德'纪念抗战胜利""'经典传唱·梦想飞扬'庆国庆诵读"等活动，全校师生共同参与，培养学生乐观、积极、向上的健康身心，在体验和感受中学会求知、学会做人、学会做事、学会共处。通过开展活动，学生的素质全面提高，在国家、省、市、区级等竞赛展演中获奖达700多人次。

3. "三位一体"，沟通无限

学校大力改革家长会，与家庭、社区形成教育合力，建立家长委员会工作机制，让家长和社区共同参与学校管理。一年级新生家长培训会，内容包括班主任及任课教师的介绍、新生入学如何做准备、亲子教育注意事项等，培训细致周到，为家校合作架起一座友谊的桥梁；学期末的家长、学校、社区"三位一体"会，邀请校级家长委员会代表、社区代表及法治副校长，集思广益，共同商议学校的发展规划和重大决定，并在各班家长会上做好上传下达工作，体现家校共识共育；学期末"各美其美，美美不同"的班级家长会，以集体形象、三五成群、个人风姿的方式，展示学生成长过程中的闪光点，每位家长都能从大屏幕中发现孩子在课堂教学、运动场地、表演实践、劳动交往的精彩瞬间，同心同德，育人教子，实现家校沟通零距离。

书艺育人创特色 "和"字同行释师魂

丝绸之路，母亲河畔，有一方风景优美、气候宜人、人杰地灵的宝地——古城西固。这里坐落着一座青春和艺术相融的学园，矗立着一座现代而又不失古朴的教学大楼，这便是兰州市西固区实验学校。秉承"和而不同"的文化理念，遵循"书艺育人"的办学特色，学校用琴声奏响青春的旋律，让墨香浸润学子的心灵。

西固区实验学校始建于1974年，位于西固区玉门街502号，占地4284平方米，建筑面积5200平方米。其前身为三毛厂子弟学校，2006年移交西固区政府管理，2007年合并原高压阀门厂子弟学校，更名为兰州市西固区实验学校。学校现有教学班18个、学生800人、教师54人，其中小学高级教师9人、一级教师29人。

学校设有计算机室、多媒体教室、音乐教室、电子书法室、科学实验室、电子阅览室、美术室、心理咨询室、器乐排练演艺厅、3D创客工作室、科技体验馆等功能教室。

音乐教室

教学楼外景

科技体验馆

书法教室

科技展示墙

西固实验学校教学楼

一、核心理念：和

核心理念是渗透于教育教学行为与学校各项管理工作中的最高价值标准，是学校文化之魂。"和"的本意是和谐，强调配合得恰当。《中庸》中说："发而皆中节，谓之和。"意思是喜怒哀乐表现出来以后，符合常理，就叫做"和"。贵和谐，尚中道，是中国文化的基本精神之一。孔子主张"礼之用，和为贵"，君子和而不同。《易经》高度赞美并极力提倡和谐思想，提出了"太和"的观念。"和"是中国思想文化中被广泛接受和认同的人文精神，纵贯中国文化发展的全过程，积淀于各时代的思想文化之中。在哲学方面，"和"是指真善美的统一；在现代心理学方面，"和"是指美的事物的基本统一；在美学方面，"和"是指事物完美的协调，配合和多样性的统一。

"和"作为学校的核心理念，一是指学生在校学习期间，要努力实现个人的德智体美劳全面和谐地发展；二是指在素质教育框架下的教育教学活动中，要努力实现教学相长，师生共同和谐发展；三是指学校各成员之间要努力实现和谐相处；四是指学校教育、家庭教育与社会教育之间要努力实现功能互补、协调一致。

二、形象定位：特色型，示范性

特色型，指学校一切工作都以"特色"为基本取向，并以"特色"作为学校发展的根本动力；示范性，指学校一切工作都以"示范"作为学校领先的根本标志。

三、发展愿景：办一流教育，创品牌学校

办一流教育，创品牌学校，形成以课程文化为中心，以组织文化、环境文化、管理文化为构成的学校文化建设的基本格局，出品牌教师，出名牌学科，出研训文化，形成富有审美人文气息的学校文化环境，提升教育文化素养，推进学校内涵发展。

四、育人目标：德智双全，身心两健，艺术见长

德智双全、身心两健、艺术见长就是要全面提高学生素质，促进学生善学习、会创造，追求自我完善，获得整体全面发展，满足时代对人才提出的新要求。艺术见长就是要把全面素质教育和艺术特色教育结合起来，提升学生的艺术品位，陶冶学生的艺术情操，提高学生的审美素养，形成学生的特色优势。

五、办学特色：书艺育人

"书艺"的上位概念属于形而上的范畴领域，表示贯通融汇万事万物。"书虽一艺，与性道通，固自有大根巨在。""艺以道精，道以艺著。然艺也者，无尽而可尽者也，若道则无尽者也。""德成而上为仁义礼智，艺成而下为射御书数。""作字行文，文以载道；以书焕彩，赋以生机。"汉字是中华文化的根，是中国人的伟大创造和发明，也是先民聪明智慧的结晶，更是人类发展史上的伟大奇迹。汉字不仅是记录语言的符号，也是传递信息的符号，能够引发人的想象和思考。"书艺"传承了博大精深的中华文化，对中华民族的统一作出了历史性的巨大贡献，体现了中国人特有的认知特点和思维方式，具有独特的教育功能。

校训：严谨求实，勤奋好学，和谐发展。

校风：崇文，尚德。

教风：养德，启智。

学风：乐问，善思。

教师宣言：我是实验学校教师，我爱我的事业，我爱我的学校，我更爱我的学生。忠诚人民教育事业，依法履行教师职责。用智慧启迪智慧，用爱心培

育爱心。为人师表,严谨治学,修身立德。平等对待每一名学生,让每个学子拥有健康和快乐,永远做学生最真诚的朋友!

学生誓词:我是实验学校学生,我在队旗下宣誓:我要做一名文明的学生,从生活的点点滴滴做起。爱自己、爱同学、爱老师、爱家长、爱学校、爱社会,文明守纪,乐学善思,做健康的自己,做快乐的自己。

利用教学楼一楼挑空设计的大厅,围绕"书艺育人"的目标,学校修建了艺术长廊。大厅中央放置了以大理石雕为底座的古代著名书法大师王羲之和世界音乐巨匠莫扎特握手的雕塑,寓意为中西交流、书艺育人。雕塑背面为学校核心理念展示墙,雕塑两边为长廊主体内容,顶端为象征音乐艺术的器乐,中心为中国汉字的发展历史和各种书法字体展示,外墙橱窗中展示师生优秀的书法作品,充分将学校书艺育人的亮点和"和"文化凸显出来。

班级文化展示

核心理念墙   核心理念造型

艺术长廊

书艺大厅

楼道文化墙　　　　　　　　　围墙文化

二楼琴书阁长廊

三楼艺术长廊

四楼书画长廊

五楼科技长廊

校徽

1. 依托特色课程，打造学校书艺育人品牌

办学特色是一所学校的灵魂，是学校厚重而无形的精神底蕴。只有鲜明的办学特色才能有长久的生命力，才能形成自己的影响力。经过全体师生的共同努力，学校形成了"书艺育人"的办学特色，全面实施以"书法、器乐演奏、合唱"为主要内容的艺术教育，激发了学生的书艺兴趣，培养了学生的书艺习惯，提升了学生的人文素养，竭力营造书艺氛围，挖掘书艺资源，打造书艺环境，塑造书艺生态，逐步形成良好的书艺能力和优秀品质，为学生的可持续发展奠基。学校的"和乐"书法课程，以"以字育德，以字启智，以字审美，以

字健体"为课程主题，以组织师生开展丰富多彩的教学活动和参加各级书画比赛为载体，每天早晚各安排十分钟书法微型课，保证每周至少90分钟的写字专项训练时间。伴随着优美的古典乐曲，师生共同写字，同时配备督导教师，勤学苦练，持之以恒，效果显著。2018年，学校承办了"兰州市书法教材教法进课堂"活动；2019年，学校三名学生的书法作品在教育部举办的书法教育教学成果展中展览。《人民日报》《中国青年报》《甘肃日报》等多家媒体对学校"书艺育人"特色教育进行了大量报道。同时，学校在"和"文化理念的指导下，结合优势项目，研究开发了"和乐1+X"校本课程体系，包括"和乐竹笛""和乐书法""和乐3D""和乐经典诵读"等特色素质教育课程，与国家课程、地方课程相互整合与补充，充分体现课程结构的综合性与多样性，凸显办学特色。同时，学校依托金钥匙艺术社团和兰州市社区学校少年宫平台，组织开展了金钥匙管乐团、金钥匙竹笛队、金钥匙合唱团、少年宫兴趣社团等常规训练及展示活动，获得了国家、省、市、区级多项荣誉。

成果集

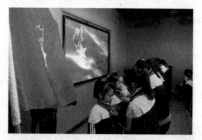
建队日活动

金钥匙竹笛队训练

篮球小组   篮球操

科技节展示   秋季运动会管乐团展示

乐器演奏展示

获奖书法作品展示

书法课堂

美术兴趣小组

书法班

广播操比赛

参观石化教育基地

书法比赛

国旗下经典诵读展示

金钥匙管乐团

书法练习

2. 立足课堂改革，提高教师教育科研能力

学校致力于打造"真课堂"，总结提炼出了"和乐121"高效课堂教学模式，其核心在于体现"主导"与"主体"的有机统一，实现"教"与"学"的和谐共振，深化课堂教学改革。学校依托优质课、同头课、新人课展示等多个平台，通过教研组交流、同学科研磨、青蓝工程、不同学科互补等，实现以教带研、以研促教，合力促进课堂教学水平的不断提升，在实践中完善高效课堂教学模式，探索学习评价方式的新方法、新措施。积极以课题研究为引领，不

断探索生本理念下的自主互动型生态课堂的构成要素，完善校本研修机制，通过学习、展示、交流、合作、拓展等环节的研究，促进教师教育教学能力的持续提高。

家长培训会

教研组交流研讨

新教育试验项目推进会

新生家长培训

教科研工作例会

综合实践活动课

青蓝工程展示课

课后延时服务

口才班

课堂观摩活动

教职工大会

"真课堂"展示

近年来，学校先后荣获甘肃省快乐校园、甘肃省德育示范校、甘肃省书法教育专业委员会书法教育实验学校、兰州市文明校园、兰州市德育示范校、兰州市卫生单位、兰州市学校文化建设示范校、兰州市艺术教育特色校、兰州市阳光体育示范学校、兰州市课外活动先进学校、兰州市无烟示范学校、兰州市语言文字规范化示范学校、兰州市优秀少先队集体、兰州市教学质量优秀奖、兰州市标准化心理咨询室、西固区文明校园、西固区学校文化建设示范学校、西固区平安校园、西固区校园足球特色学校、快乐阳光大课间三等奖等荣誉称号。

2019年8月，学校新一届领导班子成立。实验学校全体师生围绕"建设特色校、争创新业绩、谋求新发展、推进新跨越"的行动纲领，以"一个中心、两种思想、三轮驱动、四字方略、五种精神、六心育人"为工作思路，寻找发展突破点，狠抓德育关键点，聚焦学科薄弱点，推行责任意识，加强特色建设，塑造良好形象，勠力同心，克难奋进，促进学校教育事业持续、协调、健康发展。

兰州市西固区西固城第二小学文化建设

西固城第二小学（以下简称"西固二小"）始建于1956年，是一所完全小学。学校位于兰州市西固区西固巷725号，占地面积9078平方米，建筑面积11000平方米，运动场面积3000平方米，现有教学班33个、学生1346人、教师79人。另有17间功能室，包括开放式阳光书苑、器乐排练厅、音乐室、绘画室、书法室、心理咨询室、信息技术室、录播室、健身馆、形体室、会议室、科学实验室、校史长廊、多功能演艺大厅，以及点对点高品质广播系统、交互式电子白板、LED显示屏等功能设施。教学楼建筑为欧式风格，分区式结构设计：A区教师科研区，B区学生学习区，C区辅助功能区。这是一所集教育观念现代化、教育模式特色化、办学条件规范化、教师队伍优质化、课程体系校本化、学生发展多样化、学校管理科学化的现代化品质学校。

学校鸟瞰效果图

一、三风一训及办学愿景

校训：学以致真，行以致荣。

校风：诚信、和美、创新、向荣。

教风：敬业、仁爱、博学、尚荣。

学风：善思、勤习、争荣。

办学愿景：

书香乐园

陇育奇葩溢书香，

百酿成蜜泽一方。

求真务实育英才，

博艺厚德树栋梁。

师享尊严俱智慧，

生扬个性皆阳光。

余香记忆多温馨，

未来建设敢担当。

二、校歌

荣之歌

蒲耀荣 词

春来校舍香，夏荷送清凉，欢歌伴秋声，冬雪好梦藏。啊，这就是我美丽的西固二小，是我们欢乐的场所，是我们实现理想的天堂。啦——我骄傲，我自豪，我们沐浴着"荣"文化，手拉手随梦飞翔。

晨闻书声琅，暮归伴夕阳，无限欢乐事，四季歌飞扬。啊，这就是我美丽的西固二小，是我们学习的乐园，是我们放飞梦想的地方。啦——我骄傲，我自豪，我们高唱着"荣"之歌，心连心共创辉煌。

校歌释义：

由蒲耀荣作词、马国荣作曲的《荣之歌》诞生于2015年9月28日，当时"西固二小"正逢重建，一座宏伟、具有欧式风格的现代教学楼拔地而起。在这之前的2014年12月份，校长马国荣召开全校教职工大会。他认为，一所学校不仅要有漂亮的校舍，更重要的是要有校园文化。因此，他在这次会议上布置任务，号召全校师生积极参与到征集校徽、校旗、校歌及三风一训等校园文化建设工作中去。

校歌确定之前征集了许多作品，但大多数都是从网上下载的，经过修改而成。马国荣校长一再强调，新教学楼落成意义重大，学校也要有一种全新的理念，所以各种徽标，尤其是校歌，必须是出自学校教师的原创作品，才能更有意义。在这种情况下，由学校蒲耀荣老师执笔，几易其稿，终于完成了《荣之歌》的歌词部分。后经马国荣校长亲自谱曲、视听、练耳、和声等一系列努力，一首旋律优美的校园歌曲诞生了。

"春来校舍香，夏荷送清凉，欢歌伴秋声，冬雪好梦藏。"歌词清新明快、朗朗上口，歌曲韵律高亢、激越奔放，既有时代气息，又符合小学生的特点，也可以作为舞台音乐及大型演唱活动音乐。"这就是我美丽的西固二小，是我们学习的乐园，是我们放飞梦想的地方。啦——我骄傲，我自豪，我们高唱着"荣"之歌，心连心共创辉煌。"既表达了全体教师的心声，也道出了学生的愿望。其优美的旋律、简练的歌词、激昂的童音，深深地打动和鼓舞着全校师生，荡涤心灵，放飞梦想。

让我们高唱着《荣之歌》，心连心共创辉煌吧。让这优美的旋律，从清晨到傍晚，一年四季飘荡在"西固二小"的上空吧。

三、校旗

"西固二小"的校旗设计独具匠心、与众不同。它不是由一种或两三种颜色组成的简单图案，而是采用了一种抽象的绘画理念表达出来，具有较强视觉冲击力、时代性和现代美感。这种设计体现了学校教师将传统教育与现代教育融会贯通、和谐发展；学校的办学理念将不断与国际先进教育理念接轨，在发扬传统的基础上勇于开拓、敢于探索。

校旗

（一）主体部分

1. 以向日葵为主要表象

向日葵表示初升的太阳，象征着"西固二小"如红日初升，其发展将蒸蒸日上、前途光明，更寓意着一名名小学生心怀梦想。绿草地上千百万个向日葵，浓缩成一种抽象的黄色图案。校旗左上方有一个大的向日葵，寓意在教师的引领下，全体学生奋发向上、斗志昂扬，未来必将铸就辉煌。

2. 选取米芾所书字体书写校名

以行书书写校名代表学校的教育教学工作要充满活力，不应教条呆板，更彰显一种稳重、奋进的气质。

（二）色彩部分

校旗颜色主要以黄、绿、蓝、黑四种颜色搭配而成。

（1）绿色是草地色彩，代表土地、人文与德行，寓意希望的原野，同时也寓意学生要脚踏实地、收获人生。

（2）黄色代表学生、希望和千百万个梦想，也是校旗的主色调。黄绿结合，既彰显了师生的激情和活力，又象征师生关系的和谐，同时也寓意纯洁的校园、优美的求知环境。

四、校徽

（一）含义设计说明

1. 外形部分

校徽的外形为同心圆，寓意全体师生团结一致、同心同德。

校徽

2. 主体部分

（1）校徽的主体部分为篆书"荣"字的变体，形如顶天立地的巨人，寓意草木逢春、欣欣向荣，诠释了学校的文化核心理念——"荣"文化。"荣"字上面的草字头又似两把火炬，寓意志存高远、奋发进取、勇于创新的精神。

（2）"荣"字根深苗壮，寓意学高为师、身正为范，反映了学校"校以育人为本，师以敬业为荣，生以乐学为上"的办学宗旨和"博艺厚德"的办学特色。

（3）"荣"字两边各有一名舞者，用优美的姿态托起"荣"字，寓意社会和学校共同担当起责任，使全体学生有美好的前景。

3. 色彩部分

（1）蓝色代表天空、科学与理性，结合主体的"荣"字，寓意家校培养博艺厚德人才的愿景。

（2）黄色代表土地、人文与德行，是收获的色彩，寓意脚踏实地、收获人生。

（3）绿色是草地的色彩，寓意希望的原野、创新的精神。

（4）红色是火的色彩，寓意学校的发展红红火火。

（5）校徽背景由绿地、远山、白云、蓝天组成。各种意象综合起来，体现了学校"团结勤奋、求实创新"的精神风貌,强调了以美益智、以美育德、以美健体的办学育人理念,承载了"千里之行,始于足下,脚踏实地,不断进取"的使命与责任,展现了"探索发展、蓬勃向上、事业红火"的美好前景。

(二)技术设计说明

1. 图形设计标准

(1)整体为两个同心圆,内外圆直径比为黄金分割数。

(2)上半环写"西固城第二小学"七个字,下半环写"XIGUCHENG DIER XIAOXUE"。

(3)内圆主体部分为篆书"荣"字,两边各有一名舞者,用优美的姿态托起"荣"字。"荣"字的宽高平均值与内圆直径之比为黄金分割数。

2. 色彩标准

图案包括红色、黄色、蓝色和白色。红色选用中国红,黄色选用金黄色(制作徽章时使用金属本色),蓝色选用浅蓝色,白色选用纯白色。

3. 字体标准

中文"西固城第二小学"选用宋体。英文"XIGUCHENG DIER XIAOXUE"均采用大写。

丰富文化育人内涵　提升学校办学品位

　　在这片人杰地灵、丹霞映照、山峦环抱、黄河萦绕的厚土上，坐落着一所历史悠久的小学——新安路小学。多年来，新安路小学（原504厂子弟小学）依托着这片古老而又文明的土地，沐浴着时代的春风，承载着培育祖国未来事业接班人的重任，砥砺前行。

　　新安路小学于1958年建校，占地约26666.8平方米，现有甘肃省骨干（农村）教师5人、金城名校长1人、区级名校长1人、区级名班主任2人、兰州市道德模范1人、市级骨干教师4人、市级教学能手2人、县区级骨干教师6人、区级教学能手3人。在区政府和教育局的关怀和指导下，学校坚持"以爱育爱，以德立人"的教育理念，加强教学管理，努力提高教育质量。

学校大门

　　新安路小学历来十分重视学校文化和育人理念，在中华传统美德教育和学生行为习惯养成教育方面取得了很好的效果，形成了拥有学校文化和地方文化的学校特色文化。

悦学亭

爱因斯坦曾说："兴趣是最好的老师。"而快乐正是兴趣的动力。有心理学家直言："快乐的人比较喜欢尝试新事物，勇于挑战自我，增强积极情绪。"笑声作为最直接、最感性的表现形式，其目的还是让学生感到快乐。因此，学校在征求师生意见的基础上，结合本校地域环境、民风民情和新形势、新要求，将快乐作为学校文化育人的核心，即快乐求知、快乐助人、快乐健体、快乐合作、快乐实践、快乐创新。

学校确立了"立足于发挥本校地域优势，弘扬中华民族优秀的传统文化，系列推进学校育人文化建设"的工作思路，凝聚出"让每一个孩子健康成长，让每一个家庭收获快乐"的育人理念，提炼出"快乐、善良、健康、悦学"的育人目标；对学生提出了"幸福学习快乐生活每一天"，对教师提出了"幸福工作快乐生活每一天"，对家长提出了"与孩子一起快乐成长"的倡议；提炼出"快乐每一天，成长每一天"的文化育人口号、"勤奋、文明、求实、合作"的校风、"严细、热情、精深、创新"的教风、"刻苦、善思、自强、热情、创新"的学风，以及"教师快乐卓越，学生快乐健康"的发展愿景。广大师生积极参与，共同谱写了高亢奋进的校歌《我们新安路小学》。

师生积极参与

学校设计了具有个性特色的校徽和校旗，定期出版校刊与校报。这些构成了学校文化育人的核心内容，成为鼓舞全校师生奋发向上、积极进取、开拓创新的精神动力，促进师生健康快乐成长，推进学校各方面共同发展。

积极进取的学生

学校在注重人文精神关怀的基础上，结合学校实际，通过"从群众中来到群众中去"的方式，制定了人文色彩浓厚的学校管理制度。科学设岗、职责明确、制度健全，使各项工作有章可循、有条不紊。学校尤其重视工作计划管理，各项工作有计划、有方案、有布置、有落实、有考评、有奖励、有总结、有档案材料，实现了科学、民主、规范、高效的管理。

学校育人文化从静态和动态入手，强化环境育人静态建设，提出了"学园、花园、乐园"的主题要求。整个校园建筑风格简洁独特，追求朴素典雅，创设出快乐温馨、稳健久远的学校文化环境氛围。

学校环境布置突出"三化"目标：绿化、美化和人文化。让走进校园的每一个人，在感官上达到"感受浓郁文化气息，体味书香自然散发"。学校突出"快乐"文化，精心设计了校门口的学生笑脸墙，缓解学生的学习压力，营造轻松快乐的学习气氛。学校围绕"快乐"文化，由师生每人精心制作一幅艺术作品，悬挂在教学楼走廊上，彰显"快乐"文化。

学生每一个空间都由师生共同创造，或是一段共同穿越生命旅程的照片，或是一幅稚嫩的书画，对于学生来说，正是发现自己、认可自己的过程。班级浸润"快乐"文化，独特的班级文化润泽着教师的教育生命，塑造着学生的心灵。每层教学楼均开辟出一方阅读的小天地，面积不大，但简洁朴实。玉兰书屋、紫藤书屋、丁香书屋……一个个雅致响亮又含义深远的名字，饱含了师生对阅读的热爱，营造出一种"此地无声胜有声"的育人氛围。

学生在图书墙前看书

在育人文化建设中，学校注重动态推进，激活育人动态活力，保持长久的引领作用。一是教师队伍锻炼内功。教师队伍建设是学校育人文化软件建设的重点，教师是学校育人文化建设的中坚力量，其思想意识和教育理念直接决定着学校育人工作的成败。

学校积极开展快乐教育实验，全面推进"五五"快乐教学模式，构建道德课堂，打造高效理想的课堂；实施"三全"德育（全员德育、全程德育、全方位德育），把"良好的行为习惯、浓厚的学习兴趣、对外界事物的好奇心"作为学生三宝；在对学生评价方面，学校坚持多元评价，实施三全（全面、全程、全员）评价，强调扬长避短，重视学生自信心的培养。

二是在教学中构建快乐课堂（自主实践课）。通过开展自主、探究、合作等活动，使课堂气氛始终保持活跃，让学生在快乐中学习、在快乐中研究、在快乐中进步，体现快乐特色。

学生练习舞蹈

　　"让学生轻松点、快乐点"是学校新时期德育工作的总体目标，"让教师以阳光的心态和饱满的激情投入到德育工作中，让学生在快乐中培养品质，在快乐中健全人格，在快乐中提高德育素养"是学校对每一位德育工作者提出的要求，并从科研的角度加以审视，确定了"促进全体学生快乐成长的合作育人实践研究"课题，以加快德育的有效实施。

轻松快乐的学生

　　学校以舞蹈、音乐、美术等艺术学科为龙头，立足实际，充分挖掘其中的艺术教育因素，倡导综合艺术、体育艺术。学校成立了舞蹈、美术、器乐、围棋、经典诵读等16个特色社团，为学生个性发展提供了空间，为学生特长提供了展示的舞台。学校举行了丰富多彩的活动，张扬了学生的个性，锻炼了学生的能力，丰富了学生的想象，培养了学生的自信。学校的目标是：让学生学有榜样引领，行有规矩约束，合个都能走上"远有目标可定，近有条件可循"的进步之路。荣誉对学生来说是可以看得见、学得到、够得着的，只要争取就能受到表彰。

学生在足球场上挥洒汗水

另外，学校育人文化建设需要家庭和社区的配合，需要社会的关注与参与。按照"一个培训、两个基地、三个实践、四个途径"的构想，学校优化内外文化教育资源，使其发挥合力作用。学校因社区的良好管理而平安稳定，正所谓相得益彰、和谐共进。"提升教师、关爱学生、影响家长"，积极营造快乐幸福的学校文化，是学校不懈的追求；"善待教师、善待学生、善待家长、善待自己"，是学校长期的坚持。

师生一起学书法

新安路小学的学校文化始终充满"新""奇""特"。"新"就是学校一直追求给予学生创造自由、快乐和美感的源泉，从这里走出去的学生永远怀有一颗鲜活灵动的心灵；"奇"就是学校在一个相对偏僻的区域里却能够绽放自己的光芒，芬芳明媚的阳光校园具有鲜活的生命力和震撼力；"特"就是学校虽经历了五十六年的风雨雕刻，但凭借自身的韧劲和永不服输的精神，仍坚持每天成长一点点。

别小看这"每天成长一点点"。它意味着教师们辛苦的付出在这里点石成金；它意味着学生童心滋养的梦想在这里化蛹成蝶；它也意味着每一个从事教育工作的人在这里找到了事业和使命的双翼。对于从这所学校起步、从这里走向人生之巅的学生而言，新安路小学就是一个敢于说"请跟我来"的引领者。这里放大了童年和童心的喜悦，使学生成为快乐、有责任心的人；这里也有无数可能的人生种子，将会萌芽出春风化雨的爱和大朴不雕的美。校园文化建设为学生实现人生理想奠定了扎实的人文基础，为教师们实现个人价值提供了展示的舞台，为家庭收获快乐和希望提供了交流的平台。

学校荣誉

　　近年来，学校先后荣获世界文化遗产青少年教育基地、全国中小学思想道德建设活动先进集体、全国少年儿童主题教育先进集体、甘肃省法制教育先进集体、甘肃省中小学德育示范学校、甘肃省优秀少先队大队、兰州市爱生学校、兰州市语言文字规范化示范学校、兰州市优秀家长学校、兰州市艺术教育特色示范学校、兰州市教育小飞天艺术团、兰州市阳光体育示范学校、西固区学校文化建设示范学校等荣誉。2007年以来，学校连续7年荣获西固区教育质量优秀奖，多次被《甘肃教育》《教育革新》《兰州日报》、甘肃电视台少儿频道等媒体宣传报道。成绩只能说明过去，未来还需更加努力。在育人文化的建设中，学校将坚实走好每一步，继续丰富文化内涵，努力提升办学品位，全方位营造"站在孩子视角，用先进文化育人"的学校育人文化建设理念，努力把学校办成学生喜欢的"笑"园。

自信表演的学生

文以拙进　道以拙成

　　福利路第三小学（以下简称"福利三小"）是一所有着六十多年历史的学校，创建于1957年，是一所六年制全日制学校，原属企业学校，于2008年移交地方政府管理。学校位于福利区繁华地段，距金城公园不足千米，占地5000多平方米，校园环境优美，设备完善，师资雄厚。学校立足科学管理与人文管理，造就了一支和谐奋进的领导班子和踏实勤奋的教师队伍。学校现有名师工作室2个、教师66人，其中高级教师6人、一级教师35人、省园丁奖1人、市区级骨干教师和市区级教学新秀51人，多位教师获国家、省、市、区级奖励。现有教学班24个，在校学生1197人。

校徽

　　学校秉承"尚拙"的教育文化建设理念，倡导师生用"质拙、质朴"的方式学习、做人、做事，按照"实在、至诚、本分"的要求，踏实、扎实、按部就班地"拙处力行"，"不放弃、不抛弃、不气馁、不随波逐流"，坚守自我，培养学生勤奋、吃苦、进取、踏实的精神和不投机取巧、不急功近利、不急于求成的生活处事态度，追求扎扎实实的成功。

　　校园总体布局由"拙进楼""拙成楼"两栋教学楼和校园景观三部分组成。校园操场由150米标准的塑胶环形跑道和篮球场组成。楼内分文化展厅、校史馆、文化吧、文化廊等，楼道灯箱、班级文化建设、各项功能室都通过设计、装饰将文化的元素和符号融于其中，固化于物，充分体现"尚拙"教育的特殊文化意义，凸显"尚拙"教育特定的办学理念和文化氛围。

学校操场

在西固区教育局的大力支持下，乘着西固区教育发展的东风，经过10年的努力，学校由以前的薄弱学校步入西固区优质学校行列，成长为西固区名校。在"养拙——为学生未来发展积蓄能量，为学生美好人生奠定基石"的核心理念引领下，学校开发并实施了契合学校办学特色的"尚拙"教育"1355"课程体系和"4+1"评价体系，开放多元、充满活力、富有特色的课程体系为学校的发展注入了新的活力。其中，"五叶花"学生评价模式革新了对学生的评价方式，受到广大师生的喜爱。

"比比谁最棒"展板

在教学改革方面，学校以新课程理念为指导，发展"真教育"，构建了语、数、英"三感"高效课堂模式，促进了学校教学成绩的整体提高。现在，"福利三小"是西固区"群文阅读"实验项目牵头校、兰州市"情境教育"实验校、少年宫活动实验校。学校还建立了以师徒结对、青蓝工程为平台的青年教师培养制度，以"园丁杯"、集体备课为载体的教学新秀、骨干教师成长模式，以教学沙龙活动、"请进来，走出去"活动、课题研究活动为载体的"三名人才"培养模式，多层次、全方位提高师资力量，促进学校的长远发展。

西固区教研室、"福利三小"的
"群文阅读"课堂教学实验研讨活动

为实现"造就以诚为本、以勤为巧、以拙为用、以恒为美的一代新人"的育人目标，"福利三小"通过四个阵地（升旗、黑板报、主题队会、实践基地），培养学生优秀的道德品质和良好的行为规范。学校以少年宫活动为载体，以各类主题教育、传统活动为阵地，开展丰富多彩的校园活动。每年的"拙美"学校艺术节、"拙健"体育科技节、"拙育"快乐美食节，以及"广播操、武术操、自编绳操"三操并进的校园大课间活动等，为学生的个性发展提供了舞台，全面提升学生的素质教育。

丰富多彩的校园活动

近年来，"福利三小"开展的柔道、科技创新、益智课堂等特色活动，已经成为学校的又一张新名片，吸引了更多学生、家长以及社会的广泛关注。

一分耕耘，一分收获。"福利三小"近年来取得了令人瞩目的成绩，先后获得全国柔道特色学校和甘肃省、兰州市、西固区三级德育示范学校，以及兰州市科技创新教育基地学校、依法治校示范校、学校文化建设达标校、爱生学校建设实验项目示范校、文明校园等，教学质量逐年攀升，多次蝉联西固区教学质量优秀奖，2017年、2018年连续两年获得兰州市教育质量优秀奖。2017年，学校大课间活动获兰州市中小学课间操评选小学组一等奖。校合唱队获兰州市第六届、第七届中小学生艺术节二等奖。

所获荣誉奖牌

学校各项荣誉

　　"路漫漫其修远兮，吾将上下而求索。"发展中的"福利三小"将继续在"文以拙进，道以拙成"的校园文化理念指引下，谱写西固教育的新篇章！

初中校园文化成果

坚守匠心，沉淀办学固根基
笃定前行，学校师生共发展

兰州市第九十二中学（兰炼一中附属初中）在区教育局的领导下，以党的十九大精神和习近平新时代中国特色社会主义思想为指导，以立德树人、办人民满意的教育为己任，发挥一体化办学优势，以饱满的热情、更强的责任担当，精诚团结、齐心协力、解放思想、转变观念、开拓创新、攻坚克难、夯实基础、强化结构、涵养品质、彰显文化，不断加深改革的深度。近年来，学校教学条件有了很大改善，教学质量有了一定提高，各项管理工作得到了有力加强，管理水平有很大提高，不断丰富学校文化内涵，学生素养显著进步，平安、有序、紧张、高效地完成了学校制定的各项目标，取得了显著成效和丰硕成果。

兰州市第九十二中学校门

一、高站位规划发展蓝图，重基础精准发力施策

兰州市第九十二中学始终坚持"学校发展师生，师生发展学校"的办学理念，紧扣"养德进业，善思笃行"的校训，从最初的"五个两"和"1234"的工作思路逐渐完善为"123456"的工作思路，着力"1234""五个两"的坐实和"六力"的打造。"1234"工作思路具体表述为：一个目标：一流的学校建设；两个做到：做人民满意的教育，做学生悦纳的教师；三个发展：学生发展、教师发展、学校发展；四个转型：管理向精细、高效转型，教学向实效、优质转型，德育向教育、评价转型，服务向前置、满意转型。"五个两"即两个确保：确保校园师生安全，确保中考质量提高；两个转变：转变思想观念，转变工作作风；两个提升：提升学校办学水平，提升学校教育教学质量；两个构建：构建学校发展良好环境，构建校园文化系统；两个工程：学生发展工程和教师发展工程。"六力"的内容：形成核心竞争力，扩大文化影响力，聚合发展的精神力，激活发展的内驱力，增强发展的推动力，产生发展的创造力。

兰州市第九十二中学理念墙

学校将发展定位和愿景确定为"两个'三年'推动两个跨越发展，实现两个一流目标"，即"两个三年发展规划"：2017年至2019年，第一个"三年"推动教育质量和西固区名校之间"缩小差距——逐渐接近——持平超越"的第一个跨越发展，实现西固区一流名校的目标；2020年至2022年，第二个"三年"实现教育质量市区一流、师资队伍明显优化、特色教育成果显著、学校文化深入人心的第二个跨越发展，实现兰州市一流名校的目标。

二、构建现代化管理模式，实施目标管理驱动

兰州市第九十二中学不断加强精细化管理，完善并落实教学质量目标管理办法、教师教科研能力提升目标管理办法、优质服务团队和优秀年级部考核与评估细则、学生教育目标管理办法和相应评价细则，以目标为导向、以评价促发展的目标管理体系提高了管理效能，使得学校规范、快速地发展。

1. 强化管理民主，坚持议事制度

学校领导班子认真落实民主集中制，坚持教职工代表大会、党政办公会和校务会议制度，"小事通气、大事商议"。凡涉及学校发展、重大决策及制度的出台，或与教职工切身利益相关的事，都要经过领导班子集体研究，再通过职工代表大会讨论审议，做到广泛参与、集体讨论、民主决策。

领导班子和中层管理人员坚持深入一线，蹲点年级、班级和教研组，深入课堂，了解教师教学状况和学生学习情况；定期召开教研组长、年级部长的工作会议，学校领导根据工作情况进行了有针对性的指导；通过校长接待日、开放日、不定期谈心谈话，广泛听取教师及家长意见，有效提升了管理水平和行政能力。

2. 充分利用社会资源，形成广泛参与的共建体系

学校探索建立社会广泛参与的现代化学校管理制度，共建"一主多翼"管理体系，与检察院、石化消防支队、国防教育基地、社区委员会等签订共建协议，聘请法律顾问。通过完善学校、家庭、社会三位一体的教育体系，使社会参与、民主监督常态化。

3. 重视干部队伍建设，提高工作质量和水平

学校重视中层管理队伍的建设与管理，坚持行政办公会学习培训制度、民主生活会和组织生活会制度。根据西教发〔2018〕104号文件精神，学校制定了《兰州市第九十二中学（兰炼一中附属初中）选聘中层管理干部实施方案（草案）》。学校选聘中层管理干部对考评领导小组进行了中层管理干部选聘工作，通过考评小组和全体教职工的民主测评，对竞聘者进行德、能、勤、绩、廉等方面及岗位胜任度的评议，真正把信念坚定、为民服务、勤政务实、敢于担当、清正廉洁、政治上靠得住、业务上有本领、工作上有实绩的竞聘者选拔

到适合的岗位上来，推动学校又好又快地发展。

学校对于教职工工作状态、工作作风问题实行"五步走"强化管理。第一步"指导——带着干"，第二步"跟促——推着干"，第三步"考评——奖着干"，第四步"问责——管着干"，第五步"交流——换着干"，不断转变工作作风，转变思想，提高效率。

4. 牢固树立"用制度管人，用制度约束人"的管理理念

学校制定了新阶段中长期发展规划和路线图，也制定了学校章程，在继承和发扬的基础上重新凝练和完善学校制度文化，出台了《劳动管理办法》《教学事故认定和处理办法》《教学常规管理办法》《教研组工作考核细则》《安全工作考核办法》《班主任工作考核细则和班主任津贴考核发放办法》《专业技术职称评审职称晋岗考核推荐办法》等一系列规章制度。

5. 全面依法治校，推行校务公开

完善学校制度体系，积极推行校务公开，建设依法办学、自主管理、民主监督、社会参与的现代学校管理制度。严格规范教师管理，落实区管校聘制度，通过聘用合同的签订，使学校和教师双方明确各自的权利和义务，认真履行各自职责。同时，加大依法治教、依法治校的工作力度，聘请法律顾问，促进学校决策科学化、内部治理法治化，把依法治校工作纳入学校重要工作议事日程。2018年8月，学校出版了《制度汇编（修订版）》，使依法治校、依法执教和学校规范化、科学化管理水平有了全面提升。2019年1月，学校被评为兰州市依法治校示范校。

6. 深化人事改革，提供人才保障

通过制定与完善学校章程以及《中层及教育教学管理干部绩效工资考核发放办法》《学校领导班子及中层干部分工和岗位职责》《中高级职称考核推荐办法》《专业技术人员年度考核方案》，细化教师管理流程，健全人才激励机制和评价机制。2018年以来，学校聘任高级教师5人、中级教师5人，进一步调动了教师工作的积极性，优化了教师培养环境。通过开展教师节人文奖项的评选表彰，进一步激发教职工团结协作、爱岗敬业、乐于奉献的工作品质，提高管理效能。同时，学校根据发展优化人才资源配置，通过引才方式引进研究生2人、免费师范生3人。通过合理补充岗位，为提升学校品质提供了人才保障。

兰州市第九十二中学庆祝第三十四个教师节合影留念

三、学校文化拓展延伸

学校坚持文化立校、文化强校,在教育实践中不断丰富和发展"学校发展师生,师生发展学校"的内涵,并致力于把"养德进业,善思笃行"的校训内化为师生的思想,外显为师生的行动和物化环境建设。2018年8月,学校完成塑胶操场铺设,同时以校训"养德进业,善思笃行"为主题内容的楼宇文化建设完工。温馨灵动的教育心语与各具特色的文化墙设计,使师生们在浓浓的文化氛围中受到潜移默化的影响和熏陶。

"春山揽胜景,创文在行动"活动

楼宇文化　　　　　　　　　　　　　操场

四、加强校园精神文化建设

在创建特色学校的过程中，学校注重加强精神文化建设，提升学校的办学品质。

1. 构筑发展愿景

学校用先进的办学理念构筑发展愿景，激发师生的进取精神。学校领导班子根据学校的发展状况，对学校的远景、使命、组织结构进行思考，把构筑学校发展愿景贯穿于学校管理的全过程，激发全校师生对学校未来发展的憧憬，增强全体师生的自豪感、责任感和使命感。学校围绕发展的总体目标，在建设高素质的教师队伍上下功夫，在优化教学教育管理上做文章。教师拟订自身专业发展计划，学生确定成材目标，把学校的发展、教师的专业成长和学生的成材结合起来。

2. 塑造共同价值

学校通过人本化的学校管理、个性化的学生评价、书香型的学校塑造，演绎和建构学校精神文化。"让读书成为习惯，让学习成为乐趣。"读书活动是校园文化建设的重要内容，教师读书、学生读书、师生共读、亲子阅读是校园读书活动的主要形式。读专著、赏名著、诵经典、写反思，已成为教师必不可少的精神食粮。学校开展读书汇报活动，要求教师每学期认真阅读相应篇目，每人撰写读书笔记，并组织优秀读书笔记评选。学校开展家校携手营造书香家庭、与社区共同组织读书日等活动，推动家庭教育和社区文化建设。

图书角   图书阅览室

3. 依靠科研引领

学校精神文化建设是学校文化建设的核心，师生共同价值观的培养和学校精神文化的建构需要专家的引领。通过科研引领，使学校文化建设在一个较高的平台上，把全体行政人员、科研骨干和教师骨干推上科研第一线，再进行全员推动。

4. 完善物质文化

学校科学规划校园基本建设，合理配置设施设备；充实阅览室、活动室内容，认真规划板报、橱窗、走廊、墙壁、地面、建筑物等一切可以利用的教育媒介，充分利用、发挥学校设施设备的育人功能，使每一株花草、每一块砖瓦、每一面墙壁都会"说话"；发挥校园广播站、校园网和微信公众号的育人作用，不断拓展校园文化建设的渠道和空间；分析调查学校环境建设现状，针对当前环境建设中不完善的地方提出整改措施，并实施到位；开展校史研究，不断挖掘学校底蕴，拓展学校的内涵；提炼学校特点，建构学校特色，创设能够体现学校特点和教育理念的校训、校歌、校徽、校标，不断提升学校形象。

5. 规范制度文化

制度文化为特色学校精神文化培育提供创造执行、管理方面的条件。根据学校师资构成，科学规划学校组织结构，合理配置各处室、各年级部组成人员，完善学校组织制度；根据学校岗位工作需要，明确各处室岗位职责，完善学校岗位制度；根据学校发展目标和岗位工作的需要，加强对各处室、各岗位教职员工工作的考评，完善学校考评制度；根据考评结果，对各处室、各岗位教职员工实施奖励，完善学校奖励制度；创立制度实施情况的监督机制，建立由行政领导、教职员代表和学生家长代表组成的监督队伍，切实保证各项制度的落实；在规范学校制度文化建设的过程中，不断加强制度的规范性、连续性、导向性研究，做到全员参与制定制度、灵活具体执行制度；积极渗透民主管理、人文管理的理念，注意对师生进行制度意识的培养、使刚性的制度转化为柔性的自觉行动。

6. 关注行为文化

学校为现代学校精神文化培育提供行动、动力方面的条件。一是提升领导艺术，规范教育行为，使管理者成为负责任、能力强、有卓识远见的道德型领导和目的型领导；二是规范教学行为，规范年级部、教研组活动，强化教学研究和管理，不断提高课堂教学质量；三是加强师资队伍建设，拓展校本培训新形式，建立以老带新的青蓝工程机制，创办青年教师沙龙，举办青年教师基本功比武等活动，不断提高青年教师素质；四是继续推进科研型教师群体的培育，努力构建更加浓厚的教育科研氛围，鼓励教师申报科研课题并进行研究；五是在学生中开展科技、艺术、体育、文娱等活动，组织体育运动会和艺术节；六是充分利用各种节日，结合学校特色设计、开展丰富多彩的庆祝活动；七是充分利用学生社团，根据学校特色开展社团活动。

学生剪纸

7. 建设学生文化

学生文化是学生学习、活动以及生活的一种精神氛围与物质环境。学校把学生学业与学生文化有效结合起来，有力地推动了学风、校风和校园内的精神文明建设。学生在智力、爱好和性格情趣方面有异，但共同的思想追求和文化行为使校园内的生活更加和谐轻松，青春的活力得以充分发挥，使文化浸润每个学生的心灵。学校重视学生精神文化的建设，活动是有效的教育途径之一。在学生中组织征文比赛、经典诵读比赛、汉字听写大赛和艺术节等，引领学生接受高雅文化的熏陶，使娱乐身心、陶冶性情、潜移品性、培养情操、塑造灵魂的文化氛围充满学校的每个角落。

迎春诗会

课间操

8. 创建教师文化

一是为教师提高自身文化素养提供良好的外部环境，保障一定的物质条件，建立合理的激励机制，给予优秀教师充分鼓励，为优秀教师的成长创造良好的条件；二是加强专业实践的参与式培训、行动研究和个案研究，让教师在具体化情境中提高追求事业的精神和能力，使其自觉研究教学行为规范等；三是拓宽教师专业发展的空间，给教师创造机会、增加机遇，让其才能得以展示，如申报名师工作室等，重视对反映学校发展进程的校史资料和各种文字资料、声像资料的搜集与归档工作，创造条件为名师、学科带头人、骨干教师等录制有关音像资料；四是倡导教师新的专业生活方式，如鼓励教师集体教研和体验交流、坚持教学日志和轶事的记录和整理、建立专业成长档案袋等，促使教师能够在自觉的层面上不断完善自己、超越自己，创造学校管理文化的新亮点。

西固区的张建斌名师工作室举办活动

9. 培植团队精神

先进的理论需要普及才能植根于人们的思想和行为中。首先，学校组织共同学习。通过学习，让教师知道要做什么、进一步还可做什么。在共同学习（普及知识）的基础上，再进行理性层面的思考。通过经常性地学习、反思，使教师的思想统一到学校共同价值观的追求上来。然后通过对处室、年级部、教研组、备课组、包班组等进行捆绑式评价的方式，促进团队力量的形成。学校每年组织"年度感动人物"及"人文奖"的评选活动，有多个集体和个人荣获荣誉称号。此项活动旨在传承学校文化，培育师德新风，发挥先进典型的示范作用，提振精神、攻坚克难、凝心聚力、开拓创新，引领和推动积极、主动、向上、奉献的工作风气形成。

10. 开展"三风"研究

学校根据办学理念度身订制自己的"三风"建设，探讨现代学校精神文化与社区文化、乡土文化的关系，揭示彼此之间的内在联系。

11. 利用课堂渗透

将教学作为学校精神文化建构的基本形式。所有教师有着共同的责任，却又各有不同的学科优势和专业技能以及文化素养，他们在各自的课堂中渗透学校的办学理念，尝试探索与办学理念相一致的教学方法，让课堂焕发活力，是学校精神文化建构的一股巨大的力量。

学校以平安校园、书香校园、文明校园创建为抓手，以全国文明城市创建为契机，顺利通过了兰州市文明单位、兰州市文明校园测评。

同时，学校校园网络建设日趋完善，微信平台等媒介进一步凸显学校文化，区级宣传平台、学校电子屏、电子横幅及时更新宣传内容。开设微信固定栏目，每周五的"校园动态"栏目对学校一周活动统一报道，周一设"党建专栏"栏目对学校党建活动及相关党建活动资料进行宣传报道，校园文化宣传工作再创佳绩。

五、综合办学业绩突出

随着一体化办学的深入进行，在西固区教育局的正确领导下，学校喜乘西固大发展的东风，实现了快速发展。学校生源结构发生历史性优化，办学规模由以前的学生381人、教学班8个，到2014年的学生875人、教学班13个，现发展为学生1158人、教学班24个。教师队伍由2014年的43人发展为现在的88人。学校也实现了第 个"二年目标"——与一流学校逐渐缩小差距，并保持逐年稳中有升。2015年，学校普通高中上线率41.43%，2016年达到56.15%，2017年达到63.04%，2018年达到65.22%。2015年，学校重点高中上线率13.57%，2016年达到26.42%，2017年达到33.54%，2018年达到35.34%。2015年—2017年，学校获得西固区初中教育质量一等奖。2015年、2017年和2018年，学校获得兰州市初中教育质量优秀奖。

2019年是学校一流学校建设第一个三年的收官之年，是一流学校建设第二个三年承上启下奠定基础的开局之年。2019年，学校中考实现历史性跨越，各项数据均实现突破性提升。中考平均总分517.8分，比上届提高31.1分，名列西固区属初中学校第一名、西固区域初中（含市属初中学校19所）第三名。600分以上学生81人，占全体学生的23.75%，比上届提高8.81个百分点；省级示范性高中上线146人，占全体学生的42.82%，比上届提高7.48个百分点；普通高中上线246人，占全体学生的72.14%，比上届提高6.91个百分点，全面完成学校的第一个三年发展规划目标。

重点高中上线率

普通高中上线率

　　近年来，学校先后获得甘肃省卫生单位、甘肃省健康校园、甘肃省语言文字规范化示范校、兰州市文明单位、兰州市文明校园、兰州市卫生单位、兰州市依法治校示范校、兰州市标准化心理咨询室、兰州市校园足球特色校、兰州市科技创新基地学校等荣誉称号，同时在西固区获得多项荣誉称号，在科技创新、体育艺术、文学及综合实践方面获得多项奖项，尤其是学校连续三届获得"飞向北京、飞向太空"全国青少年航空航天模型教育竞赛活动兰州地区选拔赛综合团体一等奖。2018年，学校首次组队参加第二十三届"驾驭未来"全国青少年车辆模型教育竞赛活动兰州地区选拔赛和"共筑家园"全国青少年车辆模型教育竞赛活动兰州地区选拔赛，全部荣获大赛综合团体一等奖。学校师生在省、市、区级各类比赛中表现优异，获得多项奖项，可谓百花齐放。

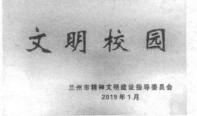

学校各项荣誉

　　特别值得一提的是，在西固区创建"全国健康促进区"的工作中，作为两家迎检单位之一，学校代表全区教育系统圆满完成了国家考评验收，并得到国家考评验收组和区领导的充分肯定和高度赞誉。

　　学校将继续通过制定科学的发展规划，有效推动工作的落实，充分调动教职工的积极性，持之以恒，向更高的目标迈进，打造内涵提升科学发展、课程改革稳步推进、中考成绩再创新高、文体活动日益丰富、特色教育成绩喜人、精神文明不断提升、各项工作稳步推进的一流名校。

"和"文化点亮农村学子人生

一、学校发展历史背景

金沟中心学校坐落于西固区东南方向的被誉为"百合之乡"的金沟乡小金沟村，始建于1946年，至今已走过七十多个春秋。金沟中心学校一主四翼，下辖金沟中学、杨家嘴小学、麻家湾小学、熊子湾小学和马家山小学五所学校。2011年，学校通过科学的布局调整，将中心校各教学点的五六年级并入金沟中心学校，创办了中小学一体化的半寄宿制学校。在"改薄"之前，金沟中心学校所属各校的校舍大都始建于20世纪90年代，简陋破旧并存在安全隐患。

金沟中心学校俯视图

近年来，根据国家"改薄"政策，区政府、教育局积极行动，在"加快校园建设，推进'全面改薄'，均衡资源配置，促进和谐发展"方面做了大量富有成效的工作。金沟中心学校所属各校都实现了办学条件标准化，树立了学校品牌形象，师生幸福指数大幅攀升。

金沟中心学校大门

截至目前，金沟中心学校共投入各级"改薄"资金2000余万元，五所学校共新建教学用房3000余平方米、围墙围栏600余米，硬化操场3600余平方米，修建大门4座。学校根据实际情况，在"改薄"和"标建"的基础上多方争取资金，给金沟中学学生宿舍楼修建了一部带玻璃外墙的楼梯，并在三楼布置了新颖别致的空中书吧；为了保证学生食堂用水，学校新建了能储水50吨的封闭式水窖；给所属四个教学点全部安装了土暖气，投资15万元修建了百合浴室，标志着金沟中心学校彻底告别了炉子时代和没有浴室的历史；投资50余万元在金沟中学修建了集影院、书吧为一体的现代化百合书吧；投资90余万元改造了学生宿舍；投资40余万元建设了录播教室……这些举措的实施，极大地提升了学校硬件建设的品质。

空中书吧　　　　　　　　　　　现代化百合书吧

二、依托全面改薄，助力学校内涵发展

近年来，学校继续秉承"和"文化的办学理念，精心打造"和雅教师育和

美少年"现代化农村学校,扎实推进各项工作,努力开创金沟教育的新局面。经过努力,学校逐渐形成了特色文化亮点。

1. 打造和美校园环境,陶冶学生情操,做好外显文化

校园文化有着强大的育人功能。第一,学生在和美的校园环境中受到感染和熏陶,触景生情,因美生爱;第二,有利于培养学生的乐观个性,促进学生的心理健康,树立自信;第三,精致灵动的校园文化有利于培养学生的审美能力和创美能力。基于以上原因,学校在校园文化的设计上下了很大的功夫,一切以学生的需求出发,以"和"理念打造学校文化,做到色彩和谐靓丽、形式和美时尚。整个校园以充满生机的黄、绿为基调,以七彩为点缀,象征着绿色的憧憬和七彩的童年,彰显了人与自然和谐相处的教育理念。校园里有序安放了很多运动设施和彩色长凳,晨昏暮后、学余课间,学生随时可以坐下来阅读、休憩、畅谈。学校还精心打造了楼廊文化,教学主楼层层有鲜明的主题。一楼的形象墙展示了学校的"三风一训",苹果造型及"和"字水印象征着和谐校园、平安相伴;二楼是和梦中国、善问走廊,展示祖国的强大和民族的复兴;三楼是和乐空间、善思走廊,展示学生的作品,搭建创意的空间;四楼是和悦之旅、善闻走廊,展示社团活动成果,悦纳体艺之美。办公室的布置温馨人性,每个办公室都设计了上下水,安装了面盆和镜子以及个性时尚的壁柜和办公桌椅,就连窗帘都根据科室特点进行了精心的挑选。家居之美充盈着学校的每一处空间,让师生在和美幸福的氛围中工作学习、积极进取,逐步达成学校的愿景——共铸师生百合人生。

运动设施和彩色长凳　　　　　　　办公室

善闻走廊 　　　　　　　　　　　形象墙

2. 根据教师特长，整合一切有利学生发展的资源，做好内显文化

学校根据自身师资力量，整合社会各界力量，组织成立了经典诵读、国画、舞蹈、美术、二胡、摔跤、武术、麦秆画、吉他、非洲鼓、尤克里里、播音主持、逻辑英语、电脑创意画、桌式足球等社团。在这方面，学校舍得投入，不贪多，只图精。成立摔跤工作室的张果老师曾是专业摔跤运动员，为了发挥他的专业特长，让学生受益，学校投资建成了标准的摔跤工作室。舞蹈工作室的老师是一名舞蹈专业的志愿者，每周二为三个班的学生免费上课。学生穿着正规的舞蹈训练服，接受专业的舞蹈训练，学生高兴的同时也感受着爱心的传递和奉献的力量。这本身不就是一种很接地气的教育吗？一所好的学校、一群好的教师，总能给学生留下美好的童年。为了提升农村学生的自信和表达能力，学校组建了"金百合"校园广播站，每天中午全程由学生组织播报，栏目有《时事政治》《天气预报》《校园美文》《校园点歌台》等，得到师生的广泛好评。为了开拓农村学生的视野，学校筹划开办了"百合影院"，通过定期、定班放映经典、励志、科技、人文类的影视作品，让学生直观地感受外面的世界，既开阔了视野，又激发了情感。同时通过影评环节，培养了学生的表达能力，师生受益匪浅。时时处处为学生着想，时时处处回想自己的童年，教师才能真正做到精准教育，有效为学生服务，这不就是现代社会追求的教育价值吗？

摔跤工作室　　　　　　　　　　　　舞蹈工作室

此外，为了让更多教学点的学生享受专业教师的资源，学校尝试实行部分专业教师走教。目前，金沟中心学校美术、计算机、体育等专业各有一位教师实行走教，进一步推进了金沟中心学校内部教育资源的均衡化。

3. 开展丰富多彩的校园活动，丰富师生生活，做好行动文化

学校以工会、团队为师生发展的主要阵地，开展月月有主题、内容丰富、寓教于乐的各项活动。如一月份组织"和美金沟我爱你"校庆关山巡游活动、三月份组织学雷锋树新风活动、四月份组织广播操比赛暨教职工趣味运动会、五月份组织校园美食节暨跳蚤市场活动、六月份组织"和美少年，相约中国梦"文艺汇演、七月份组织教师红歌比赛和党员志愿者活动、八月份组织七年级新生军训、九月份组织大型消防演练、十月份组织大课间评比、社团展示和穿越金沟峡拓展活动、十一月份组织教学比武活动、十二月组织"和雅杯"青年教师才艺大比拼活动等，都收到了良好的效果。

"和美少年，相约中国梦"文艺汇演　　　　　　大型消防演练

穿越金沟峡拓展活动

"和美金沟我爱你"校庆关山巡游活动

广播操比赛暨教职工趣味运动会

校园美食节暨跳蚤市场活动

4. 辛勤耕耘，硕果累累

2014年，学校荣获西固区初中教育质量进步奖，2015年、2016年连续两年荣获西固区中心校教学质量优秀奖，2014年、2015年连续两年荣获西固区教育教学质量优秀奖。2015年，学校成功创建兰州市依法治校示范校，2016年成功创建甘肃省中小学德育示范校。王霞老师指导的麦秆画《喜鹊登梅圆国梦》获得甘肃省第五届中小学生艺术展演活动艺术作品小学甲组二等奖。学校教师在省级以上刊物发表教育科研方面的论文30余篇，多项课题立项或结题。金沟中学2015年荣获兰州市中小学生田径运动会团体总分第八名，2016年荣获西固区中小学生田径运动会团体总分第二名。梁烽老师获得甘肃省群文阅读教学大赛一等奖，其执教的"为中华之崛起而读书"被评为兰州市中小学学科德育精品课程。2016年，梁烽、许明芳、陈霞三位教师被评为西固区教学新秀。

麦秆画《喜鹊登梅圆国梦》

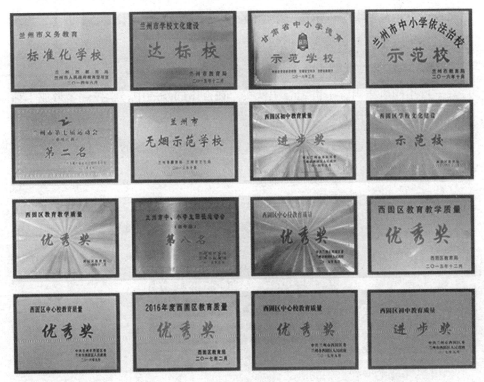

学校各项荣誉

　　文化育人，润物细无声。最好的教育不是说教，而是文明引领、细节感染、美好熏陶、正义使然。

兰州市第二十一中学文化精神解读

一、学校简介

兰州市第二十一中学兴建于1917年，现为九年一贯制学校，2001年被评为兰州市市级示范性中学。学校位于西固区东大门，占地面积20705平方米，建筑面积9278平方米，面向陈坪街道辖区及进城务工人员子女，现有教学班23个、学生868人，教职工79人。

一百年栉风沐雨，一世纪春华秋实。在百年的发展中，学校逐步形成了独特的文化底蕴，已成为教师成长的沃土、学生成长的摇篮。近年来，学校着力提升教育教学质量，深入挖掘学校悠久的办学历史和优良的办学传统，确定了"德远"文化主题。

教学楼文化墙

二、文化标识

校训：立德志远。

学校以"立德志远"为校园文化精髓，精神文化建设核心理念是"德""远"，所包含的基本思想内涵为"健康、恭敬、谦让、和谐、旷达、超逸"。

德，指内心的情感或者信念，培育学生良好的本性、品德。

远,指勉励广大学生树立远大理想,努力学习,报效祖国。激励广大教师过一种幸福完整的教育生活。

校风:和谐、务实、创新。

教风:格高、爱生、敬业。

学风:勤奋、探索、思考。

办学理念:为学校的可持续发展创造条件,为学生的终生发展奠定基础。

办学目标:办人民满意的教育,创一流教育质量。

管理理念:服务师生,服务学校。

领导作风:谦逊严谨,公正公开。

教师精神:有理想信念,有道德情操,有渊博学识,有仁爱之心。

学生誓词:我是兰州二十一中学生,我宣誓:勤学苦练、健康发展是我的责任,德高行端、志向远大是我的向往,勤奋、探索、思考是我的准则。我宣誓:我将不辜负师长厚望,无愧于少年时光,用智慧点亮人生的曙光,用勤奋赢得人生的辉煌!

教师誓词:我是兰州二十一中教师,我宣誓:忠诚党的教育事业,立德树人,关心呵护每一名学生,引导学生全面发展。我宣誓:我将履行承诺,矢志不渝,以自己的知识和智慧捍卫人民教师的荣誉,办好让人民满意的"德远"教育!

办学愿景:蓝天、阳光、快乐。

(1)让每一名学生都生活在同一片蓝天下——呼唤师德公平。

(2)让每一名学生都沐浴在希望的阳光里——祈求回归人本。

(3)让每一名学生都成长在快乐的学习中——提高校园生活质量。

三、立德志远——逐步构建学校精神文化系统

在全体师生的不懈努力下,"德远"文化逐步渗透于教师、学生和家长的行动中。通过定期组织召开学校文化建设思辨会,学生、教师、家长从不同侧面就学校文化建设方面进行讨论、分享、思考,提出了许多建设性的意见和建议。

学校领导班子团结协作,作风民主,在建章立制、民主管理上持续创新;

落实民主人文管理，对"三重一大"事项实行校务公开；通过教代会，完善学校各项规章制度；讨论通过各项考核办法，有力地推动了学校工作的开展；成立家长委员会，实施三位一体家校合作共育模式。自建校以来，学校为社会输送了近万名合格的建设者，为社会的发展做出了卓越贡献。

四、形象文化——学校发展的新载体

（一）校徽，校树，校花，校歌，校服

1. 校徽

学校的校徽设计活动经过理念学习、宣传动员、设计形象、三次筛选、学校试用、确定运行等阶段，最终完成设计。

校徽

（1）校徽的组成：校徽由两个大小不等的同心圆构成。内圆和外圆之间的部分，上方为中文校名，下方为英文校名。中间为21的数字变体。

（2）图案及寓意：校徽整体呈圆形，寓意着团圆、团结、和谐。中间的主体由阿拉伯数字"2"和"1"组成，变形为波浪和帆船。圆形正中上方为一轮太阳，象征着兰州市第二十一中学在新时代迎着太阳扬帆远航，不断发展。

2. 校树：柳树

学校位于古丝绸之路沿线，校园内还珍藏有两棵左公柳。这两棵柳树距今大约有140余年历史，不仅见证了兰州市第二十一中学的所有历史，更是对广大师生进行思想教育的有力抓手。学校将此树定为校树，隐喻学校发展就如这棵柳树一般，具有顽强的生命力和活力。

柳树

3. 校花: 月季花

学校栽培月季花历史悠久。月季花花期长, 花姿绰约, 色彩艳丽, 香味浓郁, 可耐寒, 适应性强。学生犹如月季花, 既富有个性又充满色彩。

月季花

4. 校歌

校歌以《立德志远, 一路向前》为歌词, 希望每名学生都能树立道德、志向远大, 能够一路向前、越走越远。

立德志远，一路向前
——兰州二十一中校歌

作词：袁晓龙　杨　砚

作曲：范玉霞　孙介孚

琅琅的读书声在你的上空回响，谆谆的教诲在我们心中激荡。

园丁的生命在浇灌耕耘中辉煌，学子的青春在快乐成长中飞扬。

崇德尚美，让心灵充满希望；益智强身，用收获编织梦想。

青春的诗行啊欣赏坚强，如歌的岁月啊刻下华章。

我们在校园里沐浴温暖，追逐绚丽的阳光；

我们在校园里和谐生活，放飞美好的理想。

每一天都站在新的起跑线，我们携手并肩，立德志远。

每一天都站在新的起跑线，我们携手并肩，一路向前。

5. 校服

校服设计精神活泼、简单大方。

（二）实物形象

1. 文化形象

学校设计有体现学校特色的教案本、听课本、教师发展手册、稿纸等物品，以此丰富学校文化的形象与内涵。

2. 媒介形象

校报《二十一中报》分学校管理、德艺双馨、人生有约、我心飞扬四个板块，记录了学校管理层、教师、学生、家长践行"德远"的足迹。

3. 校门口电子屏

校门口电子屏作为向社会宣传学校践行"德远"文化的窗口，滚动显示学校"德远"文化理念，同时显示学校近期获奖情况和工作动态等。

（三）环境文化

学校占地面积20333.435平方米，教学区、办公区、运动区、生活区相对独立。学校绿树成荫、花香四溢，校园内"一路一带，两园两景"的整体格局和长达近200米的文化墙，达到了以美育美的目标。

（四）班级文化

走进每间教室，各美其美的班级文化让每个集体的特色尽显，温馨舒适，催人进取。

五、"精讲精练、合作互助"的高效课堂教学模式

学校课堂文化建设侧重学生和教师共同参与、研究、合作、民主、共生的发展和学习氛围，以科学的教学观为前提，以行为实践为主要形式，促使学生逐步产生积极的学习兴趣，形成民主平等、合作探究的课堂文化。

六、积极完善校本课程

在开好、开齐国家课程的基础上，学校积极开发校本课程，促进学校特色发展。经过大力开发和逐步完善，学校校本课程已初步形成四大系列二十八门课程：一类是国学经典诵读系列，有"弟子规助读"、"三字经助读"、"朱子家训助读"、"古诗词鉴赏"等；一类是健康成长系列，有"中学生文明礼仪"、"安全避险常识"、"环境保护"等；一类是科学延伸系列，有"生活中的物理"、"生活与生物"、"趣味数学"、"西方文化简明读本"等；一类是活动成才系列，有"足球"、"排球"、"篮球"、"乒乓球"、"羽毛球"、"蛇板"、"饮食"、"象棋"、"体育舞蹈"、"合唱"、"健美操"、"硬笔书法"、"毛笔书法"、"绘画"、"十字绣"、"课本剧"、"航模、建模制作"等。同时，学校还成立了学生会、文学社、心理社、广播站等学生社团。以上课程和社团全部面向七八年级开放，试行走班选修，学生根据自己的兴趣自主选修，每周一节，对于培养学生的动手实践能力和开拓创新能力具有重要意义。

七、立德树人，以德为先

（1）加强德育工作阵地建设。学校充分利用黑板报、宣传栏、主题班会、实践基地等德育平台，加强德育工作。

（2）加强德育活动建设，实现活动育德。结合德育教育阶段主题，学校充分利用评优选先、主题征文、手抄报比赛、演讲比赛、国旗下演讲、外出参观

等方式活动育人。

（3）重视心理健康教育。积极开展各个年级的心理健康教育，安排心理健康课，设立心理咨询室，及时疏导学生的心理困惑，帮助学生健康成长。

（4）加强家长学校和家长委员会建设。充分利用家长会、家长学校和父母学堂等，对家长在家庭教育方面进行指导。利用家长委员会、校讯通、QQ群、微信平台等实现家校互动，实现家校合作共育。

（5）坚持开展阳光体育艺术活动，认真做好"三操一课"活动，运动会、篮球赛、足球赛、体育技能比赛和拔河比赛按期开展。艺术教育稳步推进，艺术节、器乐比赛、演讲比赛、辩论赛，赛赛精彩。

（6）积极组织学生社团，促进学生个性发展、特长发展。学校借助校本课程，助力学生社团发展。经过几年的建设与完善，学校的社团组织日趋完善，初步形成了书法、象棋、篮球、蛇板、心理社等社团。通过丰富多彩的社团活动的开展，开阔学生视野，陶冶学生情操，启迪学生思维，发展学生个性特长，全面提高学生素质。同时活跃校园生活，促进学风和校风的优化，推动校园文化和精神文明建设。

八、加强教师的业务学习，提升教师业务素养

学校秉承"教师发展学校，学校发展教师"的理念，打造"格高、爱生、敬业"的教育团队精神，紧紧围绕"科研兴教，质量立校"的宗旨，狠抓校本培训，采取经验交流、案例分析、课堂研讨、推门指导等形式，提高教师教学能力。每周利用60分钟集中学习，渗透"终身学习"的思想理念。积极开展教研活动，争取机会，搭建平台，提高教师的专业素养与教学水平，使每位教师都能做到"六个一"，即一本学习笔记、一个教育故事、一节汇报课例、一篇教学反思、一份教学论文、一本听课记录。通过教师的实践与反思、合作与交流，不断促进教师的专业成长。

九、一体化办学

为打造西部教育名区，优化教育资源均衡配置，2018年11月，在区委区政府和区教育局的谋划和布局下，学校与兰州第八十二中学进行一体化办学。通过

一体化办学模式，整合两校优质教育资源，优化内部管理结构，强化决策执行，
健全监督保障机制，通过课程共建、师资互派、研训联动、捆绑评价、文化建设
等措施，整体提升学校办学实力和质量水平。2019年，学校荣获甘肃省卫生单
位、兰州市文明校园、西固区初中教育质量优秀奖等。

学校各项荣誉

点滴尽致　臻于至善

兰州市第六十二中学，原名兰州化学工业总公司中小学总校第二中学，创建于1973年，2004年8月由兰州石化公司移交至兰州市人民政府。学校环境幽雅，办学条件优越，教师素质过硬。学校于2013年在兰州新区建设分校——兰州市中小学生综合实践基地，为国家级示范性综合实践基地，于2016年3月运行，成功举办各级各类综合实践活动及国防教育活动，开设多门综合实践课程，先后多次承办全国综合实践年会及省、市科技创新大赛，填补了兰州国家级示范性综合实践基地的空白，成为兰州教育新名片、全国校外教育新品牌。

兰州市第六十二中学被先后评为国家先进传统体育项目学校、全国中小学知识产权教育试点学校、中国非物质文化遗产职业教育专业委员会委员单位、全国课程建设示范性基地联盟发起单位、中国青少年创客奥林匹克系列活动实验基地、爱国主义教育基地、禁毒教育基地、消防安全教育实践基地、中国软式垒球实验学校、国家科研规划重点课题实验学校、全国综合实践课程青年教师卓越培训基地、甘肃省禁毒示范校、甘肃省中小学德育示范校、甘肃省A级心理咨询室、兰州市示范性初级中学、兰州市文明单位、兰州市平安学校、兰州市文化建设示范校、兰州市语言文字规范化示范校、兰州市中小学依法治校示范学校、兰州市中小学德育示范学校、兰州市文明校园、兰州市示范性家长学校、兰州市爱生学校、兰州市阳光体育示范校等。

建校以来，学校秉承和发展"勤、正、和"的核心理念，铸品质，强特色，重实践，注重培养学生"德才兼备，知行合一"的综合素质，充分发扬"不与他人比条件，敢与强者争高低"的学校精神，向着"创建兰州市知名初级中学，打造国家级示范性综合实践基地"的办学愿景，积极推进"高效课堂，有效教学"的课改实验，形成了一套符合学校实际的管理及教育教学方法，教育教学质量稳步提高。

2013年以来，学校加快改革和发展的步伐，在实施成功教育、高效课堂的基础上，大力推进"1+2+1"教育教学改革，即一个课堂模式（"两段五环节"课堂模式）、两个教学特区（大校本课程、大校本教研）和大德育体系构建。班级小组共建成为学生自主管理的有效抓手，丰富多彩的社团活动激发了学生的潜能，自主选课、走班上课的校本课程发展了学生特长，扎实有效的阳光体育活动强健了学生的体魄，分校兰州市中小学生综合实践基地为六十二中学子搭建了多元化成长平台，六十二中已经成为学生成功、成长、成才的乐园。

一、学校文化——点滴尽致

一园：以主教学楼前院为主区域，打造文化主题园。以"点滴尽致"文化石为中心，以三块绿地为园地，左右两侧放置"勤"与"和"文化石，以此凸显学校文化和学校核心理念。设立三个文化内涵主题橱窗，充分展示独具特色的校风、教风、学风和校徽等，进行内涵的诠释和宣传。充分利用好其余主题橱窗，进行课程、学生、礼仪等学校文化的展示和宣传。东面的"中华十大义理"墙，对学生进行中华传统文化精髓的熏陶。教学楼正面的学校文化"三训一风"和社会主义核心价值观文化墙，突出对学生家国情怀的教育。在一些重大活动中，教学楼前的十五块活动展板更加详细全面地介绍了学校文化。

"点滴尽致"态度石

"勤"文化石

"和"文化石

二廊：即校训廊和文化廊。校训廊利用从二楼到五楼的缓步，结合学校的活动，逐一进行阐释，使校训深入人心。文化廊就是教学楼每层走廊都有独具特色的主题，分别打造雅行廊、雅志廊、雅文廊和雅趣廊，使学生受到中华传统文化和现代科技文明的濡染。

1. 二楼到五楼的缓步（左侧）

（1）二层：学校的历史沿革墙。

下方方格：学校的简介和两张新旧教学楼的照片（旧貌换新颜）。

师生动手修建校园

老教学楼

新教学楼

斜坡：以照片墙的形式呈现，十年一张照片，选取四张典型的照片，突出学校在各个时期的特色。（筚路蓝缕，创办学校；转型之路；兴校之路；强校战略）

上方方格：从2013年至今的发展变化。

设计参考样式：

学校风采

（2）三层：学校十件大事墙（过去一年的十件大事）。

下方方格：学校××年工作回顾。

斜坡：十件大事的内容和照片。

上方方格：学校新一年的工作展望。

（3）四层：教师风采。

下方方格：教师的整体介绍。

教师风采

斜坡：学校业务骨干（各学科、各级各类骨干教师，每位教师写30字左右的语录，手写体）。

上方方格：教师发展介绍。

（4）五层：学生风采墙。

下方方格：学生的整体介绍。

学生风采

斜坡：学校的学生代表（各类优秀生，每名学生写30字左右的语录，手写体）。

上方方格：学校为学生发展提供的平台（学生会）。

2. 校训墙的设计（右侧）

（1）一层：立德墙。

下方方格：浮雕（参考样式见下图）。

立德浮雕

斜坡：学校在德育工作方面的一些成就。

上方方格：学校德育工作的思路和目标。

（2）二层：启智墙。

下方方格：浮雕（参考样式见下图）。

启智浮雕

斜坡：学校的课程改革及大校本课程。

上方方格：学校的教学改革历程。

（3）三层：健体墙。

下方方格：浮雕（参考样式见下图）。

健体浮雕

斜坡：学校的阳光体育运动（棒球、健美操、锅庄舞、小苹果、武术、跳绳、冬季长跑、体育节、开学典礼趣味游戏）。

上方方格：学校的阳光体育运动介绍。

（4）五层：尚美墙。

下方方格：亚克力装饰（参考样式见下图）。

尚美浮雕

斜坡：学校的美育课程和活动（艺术课堂、校本课程、艺术节等）。

上方方格：学校的美育课程及活动介绍。

3. 各楼层走廊：实现传统和现代的双重变奏

（1）一楼。

左侧：校史馆铭牌、标本、棒球知识园地（介绍棒球的发展历史和学校的棒球发展史）。

点滴尽致　臻于至善

右侧：化学园地和生物园地介绍。

长廊设计样式参考：

长廊

（2）二楼。

左侧：班级牌和班级文化介绍展板（参考样式见下图）。

班级牌

班级文化介绍展板

右侧：班级牌和班级文化介绍展板、物理天地。

（3）三楼。

正对面："勤"主题文化展示墙。通过传统文化代表人物孔子、孟子、荀子、庄子的雕像等，启示师生要勤勉不懈、致力学习，健全知识结构，提升品德修养。

"勤"主题文化展示墙

左右两侧：班级牌和班级文化介绍展板。

左侧："我们的节气"传统文化墙。

（4）四楼。

正对面："正"主题文化展示墙。

"正"主题文化展示墙

左侧：班级牌和班级文化介绍展板、"我们的节日"主题文化墙。

右侧：班级牌和班级文化介绍展板、"E天地"介绍互联网。

（5）五楼。

正对面："和"文化展示墙，寓意教师、家长、学生的和谐，学校、家庭、社会的和谐以及天地人的和谐。

"和"主题文化展示墙

左侧：艺术长廊（音乐天地、美术天地）。

二、兰州第六十二中学校文化建设理念

1. 核心理念

勤为根，正为骨，和为魂，简称"勤、正、和"。勤是勤劳、勤勉、勤

奋，乃立人之根本；正是正气、正品、正能量，乃处世之风骨；和是和谐、和善、和美，乃发展之魂魄。

"勤·正·和"教学楼

（1）勤。

有句俗话叫做"一勤天下无难事"。勤，对于好学上进的人来说，是一种美德，就是要善于珍惜时间，勤于学习、勤于思考、勤于探索、勤于实践、勤于总结。古今中外，凡有建树者，在其历史的每一页上，无不用辛勤的汗水写着一个闪光的大字——勤。勤与不勤，与人的目标有关。人没有目标，就不勤快；人没有目标，就不勤奋；人没有目标，就没有气势。勤出成果，勤出聪慧，学校"不与他人比条件，敢于强者争高低"的精神首先需要的就是勤。只要勤快，就一定能在兰州第六十二中学的再次创业中劈波斩浪、迎难而上，才能有更加辉煌的明天。

"勤"主题文化展示墙

（2）正。

公正是教师应该具备的非常重要的品德之一。教师的公正告诉学生什么是正确、什么是错误；教师的公正影响着学生人格的正常发展；教师的公正决定了自己在学生心中的形象和权威，意味着教师要用足够的精力去关注每一名学生。苏霍姆林斯基认为："所谓公正，就是尊重与严格要求相结合。"因此，教师的公正建立在尊重学生的基础上，跟对学生的严格要求是一致的。只有这样，教师的威信才能树立起来，才能达到"其身正，不令而行"的境界，学校的各个角落才能有正能量。

"正"主体文化展示墙

（3）和。

俗话说，家和万事兴。不仅是家，学校更应如此。和是什么？和是精神的融合，是心灵的联姻，是美德的辅佐，是关系的密切。和就在生活中，无处不在。和是人与人之间的互帮互助，是团结一致。在校园中，师生需要彼此的帮助，需要和谐的爱。一切成功的教育都是和谐的教育，好的关系的本质特征就是和谐。在和谐中，一切都是可能的。

"和"主体文化展示墙

2. 办学理念

学校的办学理念为"铸品质，重实践，强特色"。随着社会对高质量学校教育和优质教育资源要求的不断增加、办学主体的多元化、整个教育开放程度的不断提高，学校之间的竞争凸显出的是学校文化的竞争，是以学校质量为核心的学校形象的竞争、学校特色品牌的竞争。只有优秀的学校文化，才能孕育出优秀的学校教育。只有积淀深厚文化底蕴的学校，才能形成特色和品牌。学校的核心发展力就是学校的特色文化。学校凝聚校园文化力，提升学校的竞争力，"文化的力量"正日益成为推动学校特色发展的动力。

3. 育人理念

"德才兼备"即品学兼优，要求全校师生既要品行端正、为人正直，具有较高的道德水准，又要有丰富的文化知识、良好的综合素质和较强的工作能力，善于发现问题、分析问题、解决问题，堂堂正正做人、认认真真做事、踏踏实实做学问，努力做到讲道德、守法纪、有文化、能创新。

"知行合一"要求全校师生既要追求真理、善于学习，又要勇于实践、敢于创新，让理论与实践相结合，在实践中不断学习、不断提高、不断创造，运用所学知识解决现实问题，同时也要讲诚信，言行一致，表里如一。

学生实践展示墙

4. 办学愿景

创建兰州市知名初级中学，打造国家级示范性综合实践基地。

5. 办学使命

努力办好人民满意的教育。

6.学校精神

不与他人比条件，敢与强者争高低。

7.校训

校训之立德、启智、健体、尚美，源于蔡元培所著《普通教育与职业教育》："所谓健全的人格，内分四育，即体育、智育、德育、美育。"德育为导向，智育是基础，体育是保障，美育是境界的升华，德智体美有机结合，培育具有民族精神血脉的时代新人。

（1）立德。

自古至今，我国衡量人才的最高标准都是德才兼备。十八大报告指出："把立德树人作为教育的根本任务，培养德智体美全面发展的社会主义建设者和接班人。"立德树人，即教育事业不仅要传授知识、培养能力，还要把社会主义核心价值体系融入到国民教育体系之中，引导学生树立正确的世界观、人生观、价值观、荣辱观。因此，把"德"放在第一位，体现出学校在教书育人上双"德"并进的特点，即达到教师师德之高与学生品德之优。立德要求学校必须坚持德育为先，必须着眼于促进学生的全面发展，必须坚持培育学生的健全人格，必须致力于"让每个学生都能成为有用之才"的教育理想。

（2）启智。

启取开启、启迪之意，智取智慧、才智之意。在儒家的道德规范体系中，智是最基本、最重要的德目之一，也是儒家理想人格的重要品质之一，还是五常（仁义礼智信）之一。孔孟"重教重学"的思想中包含的启智精神，即教与学的目的是为了让人获取科学知识，以达到聪智的程度。学生只有在教师的引导下才能实现有意义、有质量、有效率地学，使其有思考、创新的能力。启发学生学，教会学生学，做到教为不教。启智靠什么？靠学校精神中的"勤"。

实践证明，勤出聪慧，勤奋是点燃智慧的火把。唯有勤奋者，才能在知识海洋里猎取到真才实学，才能不断地开拓知识领域，获得知识的回报，使自己变得聪明起来。

（3）健体。

俗话说，身体是革命的本钱。学生身体健康，不仅是学生自身健康成长的基础，更关系着教育、体育事业的发展，还长远地影响和决定着国家的核心竞争力。少年强，则中国强。青少年一代的身心健康、体魄强健、意志坚强，是一个民族旺盛生命力的体现，是社会文明进步的标志，是国家综合实力的重要方面。第六十二中学作为传统体育项目学校，应很好地践行这一理念。

（4）尚美。

尚美，为崇尚和谐之美。美育以陶冶人的情操为目的，从而使学生具有美的理想、情操、品格、素养，具有欣赏美和创造美的能力。美育又称审美教育或美感教育，是人类文明发展的必然结果，也是人类自身建设的一个重要方面。审美教育作为一种美育实践，在古代早已存在。我国近代教育史上首创美育的蔡元培先生则认为，美育是培养青少年"健全的人格"的重要方面。美育是人生境界的升华，在人的全面发展教育中，美育应当占有重要地位。

8. 校风

校风"点滴尽致，臻于至善"意在打造一种于细微处求新图变的精神和风格。

（1）点滴尽致。

点滴，一点一滴，零星微小但极具力量。小事不小，从我做起，做就做好，做到极致，更追求于点滴间淋漓尽致的完美表现。古人云："应知学问难，在乎点滴勤。"体现出点滴的持之以恒与至善至美的精神。正所谓"学校无小事、处处见精神"，把日常平凡而简单的事情做好了就是不平凡、不简单，教书育人与求学求知需要这种"点滴"精神。

（2）臻于至善。

臻，达到；至善，善的极致，出自古代四书中的《大学》。《大学》开宗明义就有这样一句："大学之道，在明明德，在亲民，在止于至善。"意思就是，为学的根本在于人本身的美好德行，在于使人弃旧图新、弃恶扬善，最终达到至善的完美境界。

臻于至善昭示的是一种永不止息、创新超越的进取心态，是一种对完善、完美境界孜孜追求的崇高精神，是一种以"卓越"为核心要义的境界追求。这种信念不断支持着学校的教学队伍身先士卒、勇攀高峰，也不断激励着莘莘学子们积极进取、超越自我。

9. 教风：精业爱生，教在心灵

精业，即追求业务上的精益求精，这里的"业务"涵盖了教书育人的各方面和全过程；爱生，就是教师要对学生付出真爱——如父母对孩子的那份爱，把学生当成真正的人，尊重其人格，满足其需要，引导其发展。教在心灵，即用心教书，真心育人。敬业、精业是立教之本，真爱是教育成功的秘诀。心与心的相融碰撞，才能迸发成功教育的火花。

10. 学风：勤学奋进，行胜于言

勤于学习，乐于钻研，奋发努力，常思进取；学会做人，学会求知，学会生活，学会创造。这一切，不在于说得好，全在于做得到。"行胜于言"不是不言，而是言必求实，以行动证明所说。

学校文化建设始于心、固于制、践于行。学校将秉承"点滴尽致，臻于至善"的精神，以勤为先，以和为贵，使校园内每一个人身上都洋溢着蓬勃的朝气和青春的活力，师生们团结协作、和谐相处、积极上进，形成良好的校风、教风、班风和人人关心学校文化、人人参与学校文化的新局面。力量在凝聚，个性在凸显，品位在提升，特色在强化。目前，学校正以饱满的热情、昂扬的姿态，为争创兰州市知名初级中学、打造国家级示范性综合实践基地而努力奋斗！

兰州市示范性综合实践基地开工奠基仪式　　　兰州市中小学生综合实践基地

雨露润花蕾　本真促发展

　　兰州市第九十九中学（原庄浪路第二学校）位于西固区庄浪西路194号，是一所九年制学校，创办于1956年。2006年12月移交西固区人民政府后，根据上级部门对企业移交学校资源整合的办学思路，2007年9月，学校与陇上名校兰州市第六十三中学（以下简称"兰化三中"）签署了合作办学协议，并于2007年12月挂牌兰化三中东校区和庄浪路第二学校。2014年1月，经市教育局批准，学校更名为兰州市第九十九中学。

兰州市第六十三中学和兰州市西固区庄浪路第二学校合作办学签字仪式

　　学校占地面积为8747.2平方米，建筑面积9098平方米，共有教室59间，其中功能室21间。学校现有教学班24个、在校学生1428人、在职教职工114人，其中高级职称19人、中级职称67人。

学校教学楼及篮球场

学校文化建设是学校综合办学水平的重要体现，也是学校个性魅力与办学特色的体现，是学校培养适应时代要求的高素质人才的内在需要。文化可以育人，也可以兴校，还可以加强凝聚力、提高创造力。学校在文化建设中，以学生及教师的发展为主体，以环境文化、精神文化、制度文化和行为文化建设为重点，以丰富多彩、积极向上的校园文化活动为载体，让师生在日常学习生活中接受传统文化的熏陶和文明风尚的感染。在促进学生健康成长及教师专业成长的同时，也推进了学校教育内涵的深层发展，使学校在文化建设高品位、办学质量高水平的道路上迈出了坚实的步伐。

近年来，学校曾先后荣获西固区平安校园、西固区语言文字示范校、兰州市语言文字示范校、西固区教育系统先进工会、西固区教育系统五好党支部、西固区文明单位、西固区学校文化建设示范校、兰州市阳光体育示范校、兰州市艺术教育特色学校，还连续六年获得西固区教育局教育质量优秀奖，多次获得甘肃省教育厅等五部委授予的"科技体育奋进奖"，成为中国教育学会"十一五"科研规划重点课题实验学校，获得"教育科研先进学校"荣誉称号，被命名为甘肃省围棋教育示范学校、甘肃省儒家传统文化跆拳道示范校、甘肃省标准化心理咨询室、甘肃省科技创新实验学校等。

学校各项荣誉号

一、精神力的塑造

1. 继承传统的教育精华

孔子是中国历史上伟大的教育家。他首创私学，广收门徒，号称弟子三千，达者七十二，为继承、发展和传播古代文化做出了突出的贡献。他的教育主张、教育目的、教育方法和治学方法，直到今天仍然闪耀着思想的光辉。"有教无类"、"因材施教"等教育主张，"不愤不启，不悱不发。举一隅不以三隅反，则不复也"、"学而不厌，诲人不倦"、"教学相长"等教育方法，"学而时习之"、"温故而知新"、"学而不思则罔，思而不学则殆"等学习方法，均启示我们：第一，要了解教育对象，深入学生，细心观察，针对学生

孔子像

的不同特点，有的放矢地进行教育和教学，使教育和教学尽可能地符合学生实际，避免盲目性。第二，对学生既要有基本的共同要求，又要善于发现和注意培养学生的某些特长，适应个别差异进行教育，各尽其才，发挥开发人才的作用。近代教育家蔡元培、陶行知也倡导要科学地遵循教育和教学的规律，适应时代和社会的要求，培养开拓性、创造型人才，要求"教学做合一""尚自然，展个性"。

2. 结合学校实际提炼内涵

学校以先贤人家的思想为指导，经历了几年的发展，从求生存、谋发展直到创特色。而要使得学校有特色，促进学生全面发展，就要让学校走内涵发展之路。经过全体师生集思广益，学校确立了办学内涵，以"本真教育"的理念为核心，以"今天比昨天强"为学校精神，让全体师生更加明确自己前进发展的方向。所谓"本真教育"，就是遵循教育规律和学生身心发展规律，回归教育原点，促进学生全面发展。具体表述如下。

九十九中学校教学楼

教育理念： 本真教育。

办学宗旨： 质量求生存，特色打品牌，创新显活力。

办学理念： 合作，发展，飞越。

学校精神： 今天比昨天强。

校训： 志存高远，奋进拼搏。

校风： 规律发展，彰显个性。

教风： 乐教，善导，解惑。

学风： 自主，合作，超越。

学校宣言： 我们曾经走过一段举步维艰的办学之路，如今我们破茧而出，正走着一条不平凡的教育之路。我们本着"合作，发展，飞越"的办学理念，在摸索实践中一步步地实现着我们的教育理想——办成一流的特色学校。以创新为坐标，以特色谋发展，以质量铸品牌，发扬"今天比昨天强"的学校精神，思路决定出路。我们坚信，只要勇于创新、拼搏不息，就一定能走出一条与众不同的发展之路。让我们在创新中昂扬，在合作中阔步，在发展中享受幸福。

校徽   校旗

3. 形象设计，统一和谐

在近几年的建设中，学校着手设计建立了庄浪路第二学校VIS视觉识别系统及导视系统，包括设计制作具有鲜明文化特色的学校标志、标准字、标准色等形象识别系统，如学校各教室的中英文双面门牌、楼道文化统一的学校标识等，在学校内部和对外交流、宣传等方面广泛应用。

庄浪路第二学校VIS视觉识别系统及导视系统

宣传标识

学校中（英）文全称：

兰州市第九十九中学（LANZHOUNO.99 MIDDLE SCHOOL）。

中文字体不得随意使用除隶书以外的其他字体。

英文字母不得随意使用除大标宋以外的其他字体。

宣传标识标准色色值：C100M20。

二、执行力的塑造

1. 制度领航

学校领导通过身体力行，号召全校师生同舟共济、开拓进取。学校强化制度管理，编订了《庄浪路第二学校制度汇编》，党支部组织支部委员修订了《庄浪路第二学校党支部建设制度》。在不断强化管理文化的过程中，学校又将所有制度编辑整理，编订了《学校管理文化》，完善了学校事务决策、校务公开、学校领导班子的考核评价、师德建设、廉政建设等方面的制度，彰显了学校民主化、人文化的管理文化模式。在校长的策划下，学校还编订了《教师手册》及《学生手册》，使之成为全校师生的行动指南和传播学校文化的载体。

《教师手册》

《庄浪路第二学校制度汇编》

《学校管理文化》

《学生手册》

2. 人际和谐

和谐出凝聚力，和谐出战斗力，和谐出创造力。在学校发展方面，和谐促进了学校的发展，没有教师的大力支持也就没有学校的进步。可以说，在工作上，学校尊重每一位教师、关爱每一位教师、理解每一位教师、依靠每一位教师、信任每一位教师，建立起了和谐的干群关系，从而激发教师工作的积极性、管理的主动性、教学的创新性。学校组织全体教职工每年进行一次体检；为教师提供免费早餐；提高班主任补贴；教职工过生日时，学校专门为教职工送生日礼物及贺卡；成立校长基金，对教师获奖进行补助和奖励；慰问生病教师或家属；在新年到来之际，为每位教师送去校长寄语。

校长为教师写校长寄语

学校还定期召开教代会、座谈会，向全体教职工征集促进学校发展的合理化建议。大家积极献言献策，为学校发展提出好的"金点子"。学校领导根据"金点子"，认真加以论证和完善，促进了学校高效发展的目标。

3. 学校课程文化建设

（1）打造"本真课堂"。"本真课堂"即教师安排学生课前预习，教师给予一定的预习指导。上课前，教师对课前预习本进行检查，了解学生的预习情况，明了学生通过预习解决了哪些问题、存在哪些问题，并考查学生所提出的问题。然后对自己的教学预设进行即时性调整，进一步明晰教学重点与难点，明了课堂教学的着力方向。学校设计了课堂的教学流程，要求教师将课堂中的一半时间交给学生，培养他们合作探究的能力，并且减少学生的家庭作业，让他们有更多的时间涉猎更多的领域。"本真课堂"是教师和学生在精心准备的基础上，围绕教学内容展开充分互动和合作的课堂。学校在注重高效课堂的同时，还重视学生的兴趣特长，积极鼓励学生各方面的发展。

学习贯彻十八大精神，争创教育教学新业绩报告会

（2）夯实"本真活动"。"本真活动"由科技创新和才艺修炼组成。科技创新包括航模、海模、车模、机器人等课外兴趣活动；才艺修炼包括围棋、跆拳道、空竹、羽毛球、声乐、书画、围棋等，其中跆拳道已作为学校校本课程，空竹是阳光体育大课间的特色活动。学校科技创新工作室已初具规模，编订相关指导手册，本学年组织学生赴厦门、海南、金昌等地参加比赛，共有40余人次获奖。学校为学生提供更好的条件，为他们搭建展示才能的平台，力图在学生发展的不均衡期，以其长项带动弱项，逐渐向均衡靠近。学校毕业的学生除了文化课之外，还要做到"五会"，即会跆拳道、会下围棋、会打羽毛球、会打乒乓球以及会抖空竹。

"本真活动"系列

（3）做活"本真师苑"。"本真师苑"是针对教师，由教坛演兵、翰墨留香、科研砥砺组成。

教坛演兵是针对教师尤其是青年教师的培养与打造，开展说课比赛、普通话比赛、青年教师基本功比武等，并采取形式多样、内容丰富的示范课、观摩课、汇报课、研讨课，通过听课、评课、磨课提升教师的课堂教学水平。学校注重青年教师的打造培养，成立青年教师沙龙，共同提高教学质量。由骨干教师担当起学校的"传帮带"工作，帮助青年教师和新调入教师尽快适应并提升能力，成为学校教学的中坚力量。学校组织了两期青年教师沙龙，主题分别是教育教学故事和青年教师基本功比武。从教学案例设计、说课、板书设计及钢笔字书写三个方面为青年教师提供展示自身素质的平台，组织教师进行"同课异构"活动和教师师德培训，并开展师德征文活动。

合作办学，合促双赢

翰墨留香是要教师把读书当作第一精神需要。学校每年为教师每人投入100元的读书经费，用于购买教师自身最需要的教育教学书籍。教师做到互相传阅，全年阅读学习书籍8册，认真做好读书笔记，不断提高教育素养，使学习成为自觉行动，逐步建设学习型团队。全校教师读书笔记人均达到10000字以上。

科研砥砺，意指教师在教科研方面要不断磨练、探究。教育科研是提高教师素质的熔炉，是使教师从教书匠走向名师和专家学者的必经之路。学校现有2个国家级课题、2个省级规划课题及14个市级规划课题、60个兰州市个人课题；教师在各级各类刊物上发表论文40余篇。学校组织教师编订了校本课程11项、学生作品集8册、教师论文集2期、教师教科研成果集1期，得到了学生、教师、家长的高度评价和赞扬。学校校报、校刊各一份，为全体师生提供了校内交流、学习、借鉴的平台。另外，每位教师都建有富有特色的教师成长档案，记录着教师的专业成长历程，另有专业成长的三年规划。

（4）做好常规工作。学校坚持开展大课间活动、课外文体活动，确保学生每天1小时的锻炼时间。自编韵律操、羽毛球节拍操、抖空竹等，已成为大课间亮丽的风景。学校还有计划地定期开展有主题的系列教育活动，如定期举办艺术节、科技节、心理健康节、家长学校等，通过这些活动营造浓郁的校园文化氛围。

大课间活动

三、形象力的塑造

物质环境是校园文化的"硬件"，没有完备的"硬件"系统，校园文化就得不到健康的发展。为了优化育人环境，树立鲜明的学校形象，形成文化底蕴浓厚的校园文化氛围，学校从办学宗旨、办学理念、学校历史、发展规划、师生规范等方面综合考虑，形成特色鲜明、统一和谐的校园形象。

校园文化特色

1. 加大经费投入，科学规划校园整体布局

学校以优化育人环境为切入点，以营造高品位的文化氛围为突破口，不断加大经费投入，逐渐提升师生的教育教学环境。近年来，学校建成了校史室、荣誉室、阅览室、心理咨询室、围棋教室、跆拳道室、科技创新室、机器人工作室、4个省级配备的实验室、乒乓球馆、羽毛球馆、教工健身房、生态园式的职工小家、多功能报告厅等功能室。2013年是校园环境建设的重要一年，塑胶操

场已铺设完成，除规划了篮球场、羽毛球场及排球场之外，还在操场四周设计了一些游戏方格，让学生可以展开想象，自我锻炼。

校史室、荣誉室

阅览室

心理咨询室

跆拳道室

科技创新室

机器人工作室

生态园式的职工小家

多功能报告厅

羽毛球馆

教工健身房

为了让传统教育精华渗透校园，学校还购置了孔子、陶行知等塑像，让这些教育家的思想深入人心。孔子像后的论语墙背景，更是从教与学、孝道、立德、做人等方面对师生进行教育，使读经典、学儒学的氛围在校园盛行。

陶行知像

校园中还设计了"鲤鱼跃龙门"喷泉，这一景观集传统故事和现代理论于一身，寓意只有不断努力才会获得成功。鱼嘴下的木桶短板效应，一是告诉教师不能只盯着学生的短处，要多发现学生身上的闪光点，因材施教，促进每个学生健康而全面地成长；二是告诉学生每个人都要善于发现自己的不足之处，并且不断努力、补己之短、均衡发展，才会"鲤鱼跃龙门"，成为社会的栋梁。

"鲤鱼跃龙门"喷泉

　　另外，学校在校园整体的色调上也精心设计。教学楼及围墙以灰白为主色调，体现出一种大气与沉稳；图文宣传则选用亮色，醒目而温馨，让人一进校园就有一种惬意的感觉。学校增添了休闲原木色的长廊及亭子，规划了一个地理园，在学校东边围墙设计了中国历史浮雕墙及古诗词小路，有刻着"本真"理念的文化石，还建有体育达标区，下面铺设了专用的保护垫，以确保师生的安全。校园各个景观典雅，文化氛围浓厚，一所"校园无闲处，处处皆育人"的文化示范学校已经形成。

教学楼及部分围墙

中国历史浮雕墙及古诗词小路　　　　原木色的长廊及亭子

地理园　　　　　　　　　"本真"石刻文化石

2. 重视人文建设，提高校园文化品位

　　"校园无闲处，处处皆育人"是学校力求让校园自然环境和人文环境体现学校文化特有底蕴的校园建设原则，以"本真"理念为抓手，以改变师生的行为习惯为突破口，发挥校园文化的熏陶功能。学校教学楼的楼道文化也是精心设计的，给学生以无声的教育。两栋教学楼有四个富有个性的开放式图书角；每个楼层均有主题，如科技、励志、学生作品、教师师德、感恩、全面发展等；楼梯两侧也分别以不同的造型设计了传统文化、礼仪教育、德育故事、儒家经典等；楼梯间理念宣传、安全教育、文明礼仪教育等均以新颖的造型图案表现出来；各楼层的消防栓、楼层提示牌也都设计得实用而温馨，又不落俗套。学校还对校门口及北面围墙进行了亮化。校门口因毗邻家属区，以公民道德素养为主题，学校围墙以民族团结、本土文化、阳光体育等为主题。通过美化、净化校园，让校园的一景一物、每一面墙壁、每一个角落都发挥教育作用，强化了校园文化隐性课程的育人作用，使学校教书育人的大环境得到了真正的优化。

开放式图书角 　　　　　　　　楼梯两侧及楼梯间

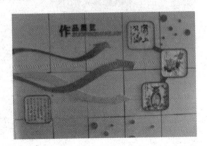

每个楼层的主题

3. 主题活动，五彩缤纷

学校以学生全面发展为目标，以团队工作为载体，开展铭记历史的爱国主义教育活动。在清明时分、国庆节之际，对学生进行革命传统教育，组织系列活动，并且还组织学生观看爱国影片、听英雄事迹报告会，召开主题班会进行交流讨论。学校教育学生学会感恩，加强与兄弟学校进行联谊，结合三八妇女节、教师节、母亲节、父亲节、中秋节等节日，对学生进行感恩教育。通过这些活动，引导学生在生活中仔细观察、细心品味，寻找爱、感受爱、传播爱，怀着一颗感恩的心做一个有爱、会爱、善良的人，用积极向上的态度面对自己的人生。为培养学生的"五爱"精神，充分发挥学生的艺术才能，学校每年组织"红五月"歌咏比赛及艺术节，学生唱红歌、献才艺、陶情操、提素质，校园生活丰富多彩。

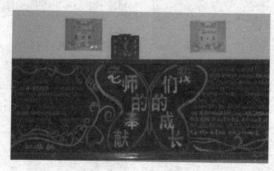

感恩板报

主题班会

"红五月"歌咏比赛及艺术节

4. 人人参与，构建班级文化

教室可以说是学生在校园里寄予感情最深、给予其影响最大，也是他们最主要的学习与生活场所。为了给学生提供一个对他们潜移默化最直接、最有效、最重要的育人环境，也为了给学生提供展示才华、挖掘潜能、充分发挥聪明才智的舞台，在教师的指导下，学生自主设计的室内环境别有新意：个性班牌、班级公约、名人画像、名言名句、学生书画，散发出浓郁的文化气息。

学生自主设计的室内墙面

众所周知，文化治校是学校管理的最高境界，先进的文化能推动学校的发展。在创建优质校园文化的过程中，学校将继续用校园文化构建引领学校的各项工作，充分体现师生的生命价值，塑造积极的、富有生命力的学校精神，丰富学校的文化内涵，提升学校的办学品位，引领学校不断走向卓越、走向辉煌！

高中校园文化成果

德高行端育桃李　勤耕好学谱新篇

一、德行文化的形成

　　兰州市第二十八中学始建于1971年，已有48年的历史。1976年兴办初中，1995年兴建高中，2002年被评为兰州市市级示范性学校，2003年由企业移交西固区政府管理。2004年，小学部整合至兰州市西固区福利一小。2013年，初中部整合至兰州市第九十九中学。学校由完全中学转变为独立高中，目前是西固区也是兰州市唯一的区属独立高中，是西固区唯一的区属高级中学。"德行"文化是全体二十八中人在极其困难的条件下从教会学生做人开始，以品行养成为抓手，通过感恩教育、文明礼仪教育、行为习惯教育等方式，一步一个台阶地发展壮大，不断取得优异成绩；是二十八中不断发展壮大的精神动力；是学校长期发展过程中的精神积淀。在"德行"文化的引领下，学校发展成为一所拥有教学班21个、在校学生1000人、教职工105人、占地面积20667平方米、建筑面积21334平方米、运动场地6991平方米、绿化面积2000余平方米的市内知名高中。

二、德行文化建设

（一）精神力系统

办学理念：德高行端，勤耕好学。

核心理念：德行教育。

"人之初，性本善。性相近，习相远。苟不教，性乃迁。"现实生活中，每个人的禀性和习性均不同，如果不从小教育，就会随着各种不同环境的熏习，养成新的习性，进而影响一生。鉴于此，教育的根本乃是培养德行，其次才是知识技能。故，让学生保持本善之心，常存善念，常做善行，进而培育其诚意、正心、修身的大根大本，才是真正的教育目的。所谓教育，长善而救其失也，就是培育、长养学生的善心、善念、善行，纠正其偏差的观念、错误的言行举止，引导他们有正确的思想理念，进而有宏伟的人生观、世界观。

学校自1971年创办，特别是自2003年由企业移交地方管理以来，全体二十八中人在极其困难的条件下从教学生做人开始，培养其道德品格、行为习惯和坚持不懈的精神，从而达到"勤耕好学"的目标。

"勤耕"即勤奋工作，是教职员工工作态度的体现，更是学校培养目标的体现，即培养学生成为对社会有益的、有知识、有文化、工作勤恳、品德高尚的优秀劳动者。"好学"即乐于学习，是学校实现培养目标的主要途径：广大教师不断进修，教学相长，不断提升自己的业务知识与教育教学能力，激发学生学习的兴趣，培养学生乐学的习惯，使校园充满书香气息；提高学生会学的能力，达到博学多能、德高行端的目的。

第十届校园文化艺术节文化汇演　　　　　　运动会队列汇演

带着对教育发展现状的思考和对学校现实发展远景的展望，学校确立了"勤耕好学、德高行端"的办学理念，其核心是德行教育，用以指导学校的教育教学。

办学宗旨： 育社会有用人才，办人民满意教育。

办学准则： 让兰州市第二十八中学因我的存在而感到幸福。

培养目标： 让每一名学生都成人、成才、成功。

办学愿景： 创建现代化、高质量、有特色、市内一流、全省知名的学校。

学校管理理念： 以人为本，文化引领。

德育工作理念： 着眼细节，养成习惯。

教学工作理念： 注重常规，创新课堂。

后勤工作理念： 一流管理，一流服务。

家校合作理念： 做好家校联系，共谋学生未来。

教师发展理念： 博（读书博学，学识渊博）、专（专业专长，素质优良）、精（精通精深，风格鲜明）、爱（爱人爱己，师德高尚）。

课堂教学理念： 以生为本，情智高效；师生相伴，情智共融。

阳光体育理念： 每天锻炼一小时，幸福生活一辈子。

校园环境理念： 干净、简约、精致、育人。

校训： 励志、乐学、尚德、自强。

（1）励志。

巴斯德说："立志是事业的大门。"王安石说："世之奇伟、瑰怪，非常之观，常在于险远，……非有志者不能至也。"诸葛亮讲："志当存高远。"立志也就是使一个人从大地上站立起来，从懵懵懂懂中清醒过来，从浑浑噩噩中悔悟过来，从芸芸众生中凸显出来。生活不能没有目的，人生不能没有方向。"立志"就是给人生一个目的、一个方向，使其智慧、情感和意志沿着既定的方向驶向既定的目的。《大学》有言："知止而后能定，定而后能静，静而后能安，安而后能虑，虑而后能得。"这个"止"，就是人生的至善境界、生活的目的，是使人高大的东西，是支撑人的价值和尊严的东西。并且，人因为有了这个生活的支撑点，比过去任何时候都更有力量焕发出蓬勃的生命活力，使智慧得以进一步发掘，情感得以进一步丰富，意志得以进一步坚定。大智产生大勇，大勇无所畏惧，志坚无往而不胜。

（2）乐学。

乐意学习、快乐学习。无志不能怀远，无才不能博见。无论时代发生怎样的变化，学习这个永恒的话题在岁月的轮回中永远熠熠生辉，鼓舞和激励着人们奋发向上。要在竞争和挑战中立足，靠的是实力，凭的是真才实学。无论是教师还是学生，都要把学习作为履职的第一要务、尽责的第一要求，着力建设学习型、书香型学校。

（3）尚德。

《易经·坤卦》中说："地势坤，君子以厚德载物。"（地势舒展，君子取法于地，以深厚的德行来成就事业）"厚德"即广厚之德，犹如"大德"。大地具有广厚之德，气势厚实和顺，故能载生万物。与此相对应，君子应增厚美德，容载万物。中华民族对于"道德"有着无比的崇敬。品德，是施教者和受教者必修的课程。只有每个人尚德，学校才可以形成善良、友好、互敬、互爱、互助的良好团队，师生才可以拥有高尚的人格、美好的情操、和谐的个性。

（4）自强。

《周易》云："天行健，君子以自强不息。""自强"是努力向上、奋发进取的精神，是不懈追求自己做人之德与做事之能，并能身体力行的品质。自强不息是中华民族最高的学习境界，寓示着全体师生以自强不息的信念刻苦学习，回报祖国。

校风：求实、团结、拼搏、创新。

（1）求实。

学校无小事，处处皆教育。人们的工作必须勤勤恳恳、扎扎实实，一切为了学生，为了学生的一切；人们的关爱必须细致入微，细心周到，让每一次工作都卓有成效，让每一名学生都能得到充分的发展。

（2）团结。

《辞海》里说，团结的意思是合群、结合、连结、结交、集合、凝聚。团结的要义是群体中的人们要相互关爱、彼此尊重、真诚相待、协作共事，要和谐相处、和衷共济、共同努力、携手前进，要有大局意识、全局观念、团队精神。俗话说得好："团结就是力量，团结就是胜利。"

（3）拼搏。

拼搏的要义就是要坚定信念、志存高远、解放思想、与时俱进、奋发有为、乐于奉献、追求卓越，不断开拓进取，推动事业向前发展。

（4）创新。

早在《礼记·大学》中就明确提出："苟日新，日日新。"可以说，人类历史的演进、中国社会的发展都有赖于不断超越自我的创新思维和百折不挠的改革精神。

教风： 爱教、善教、身教、研教。

"师者，所以传道授业解惑也。"热爱教育事业、热爱学校、热爱学生、热爱本职工作，是为师最基本的素质要求；善于教育教学，熟练掌握科学、先进的教育教学方法、手段，是取得良好教育教学效果的必备条件。

身教重于言教。为人师表，以身作则，既是师德规范的要求，也是提高教育教学质量的可靠保障。

教无止境。人人搞科研，个个有课题，是教师的基本要求。由传统型"经师"向现代型"名师"飞跃的必由之路，是实践与科研的紧密结合。

学风： 尊师、乐学、明理、多思。

尊师是基础，乐学是要求，多思是能力，明理是目标。

教师的任务是激发学生学习的兴趣，教导学生勤学的习惯，培养学生善于学习的能力，以达到博学多能、德高行端的目的。

（二）形象力系统

1. 校徽

校徽是学校精神、气质、风采和内涵的形象化标识，是时代精神和办学理念的折射，是学校独特的思想文化境界的体现。

校徽

校徽以二十八中的数字"28"向着初升的太阳为基本造型，体现了对称的形式美。外环内容为中英文对照的规范名称；内环的底部是平放的书本，寓意着学校教书育人的主要功能；"28"的造型像舞动青春的学生，活力四射；在

"28"的前方有一轮初升的太阳，光芒耀眼，既象征着二十八中高远的发展目标，也为二十八中的发展指明方向。

校徽的整体设计为圆形，简洁美满，犹如动态的车轮，寓意学校滚滚向前、蒸蒸日上的持续发展态势。圆形还象征着和谐、美满、幸福，表明学校都在努力贯彻"让兰州二十八中因我的存在而感到幸福"的办学准则。

校徽的主色调为绿色和红色。绿色象征着希望、活力、朝气，预示着学校充满生机、蓬勃发展；红色象征着热情、志气和魄力，预示着学校团结一心、奋力向前。

2. 校旗

校旗为绿底白字，居中为校徽图案，配以校名"兰州市第二十八中学"的中英文字。

校旗

3. 校歌：《成长的沃土》

校歌与"勤耕好学，德高行端"的校园主题文化相辅相成，融入校训内容，鼓励学生放飞理想。

4. 教职工名片

学校领导、教师的名片。

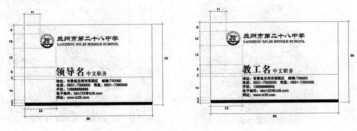

教职工名片

5. 学校信封、信笺、稿笺

包括学校平时邮寄书信的信封、书写书信的信笺和稿笺。

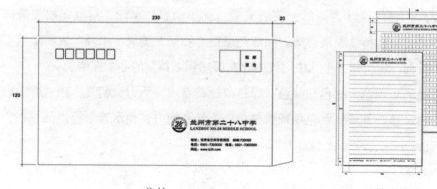

信封　　　　　　　　　　　　信笺和稿笺

6. 档案袋、文件盒、文件夹、手提袋

学校整理归纳的档案袋、文件盒、文件夹和手提袋。

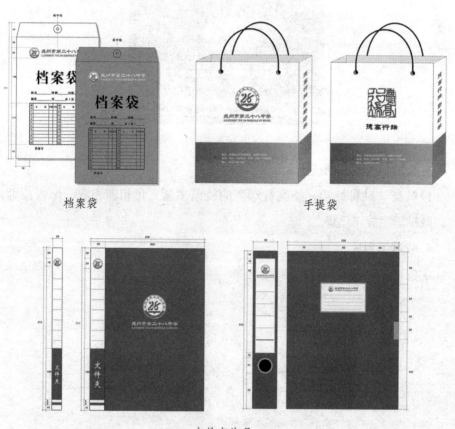

档案袋　　　　　　　　　　手提袋

文件夹外观

7. 监考证

每位监考教师在监考时必带的监考证。

监考证

8. 胸牌、胸徽

胸牌   胸徽

9. 纸杯、茶具

供客人、学生及全体教职工喝水的一次性纸杯和瓷杯。

纸杯   瓷杯

10. 部门指示牌

每个部门外挂着的指示牌。

部门指示牌

11. 挂旗、桌旗

代表学校特色的挂旗和桌旗。

挂旗   桌旗

（三）励志楼文化建设

励志楼以"德行"教育为核心文化，将"德高行端、勤耕好学"细化其中，并结合校训形成了以"尚德"、"践行"、"自强"、"乐学"、"励志"为主题的楼层文化。

1. 楼门与大厅文化布置

（1）教学楼门砖雕。

教学楼门砖雕采用富有浓郁地方特色的临夏砖雕形式，刻写了毛泽东主席的"好好学习天天向上"和周恩来总理的"为中华之崛起而读书"等内容。用伟人的教导指引着学生树立远大的理想，勤奋学习，锐意进取，不断进步。

教学楼门砖雕

（2）一楼大厅竹简。

一楼大厅采用了竹简的形式，内容为学校的办学目标、办学理念、校训、校风、教风、学风。

一楼大厅竹简

（3）一楼大厅浮雕。

一楼大厅浮雕为仿铜雕，形似一艘抽象的大船，左下方为船舵，右边为船帆，上面有红日、祥云、飞鸟，下面有海浪。上有三处四字寄语，分别为"弘毅致博"，意为用坚强的毅力做博学之才；"融合达远"，意为和谐相融，实现远大的理想；"学海弄潮"，意为二十八中学子要努力拼搏、奋勇争先、勇创佳绩、不断进步。

一楼大厅浮雕

（4）二楼大厅文化布置。

二楼大厅以蓝色为底色，寓意博大、理想与希望。旁边有蓝白相间的蜂巢造型，寓意师生如蜜蜂一样勤劳。中间的黄色文字"珍惜时间、勤奋学习"，是学校办学理念之"勤耕好学"的体现，倡导学生勤字当先、刻苦学习。左边有红色方圆造型图案，取自"没有规矩不成方圆"之意，强调"行"的规范，突出了二楼"践行"的主题。

二楼大厅文化布置

（5）三楼大厅文化布置。

上至三楼，便能看到非常醒目的红色"育"字，寓意教育以"育人"为根本。左边有"德、智、体、美、劳"五字，意为五育并举，全面发展。另外，"德"字特意突出了红色的"心"字，意为"心育"，着力彰显心理健康教育的重要性。

三楼大厅文化布置

（6）四楼大厅文化布置。

用竹简的形式阐述了"读好书"的学习之道，结合了"乐学"的主题。

四楼大厅文化布置

（7）五楼大厅文化布置。

五楼大厅的底色为蓝色的世界地图，上面有"为未来育人，育未来有用之人"的红色大字，意为教育应放眼世界，面向未来，育有用人才。

五楼大厅文化布置

（8）防火门之上四字成语的布置。

从一楼至五楼的防火门上方分别为"自强不息"、"厚德载物"、"业精于勤"、"持之以恒"、"学无止境"、"厚积薄发"、"勇猛精进"、"卓尔不群"、"淡泊明志"、"宁静致远"等成语牌匾布置。

防火门之上四字成语的布置

2. 缓台文化布置（民俗博物馆）

（1）一楼缓台。

社会主义核心价值观。

一楼缓台

（2）二楼缓台。

马家窑——文明之源。

二楼缓台

（3）三楼缓台。

金城——兰州的乳名。

三楼缓台

（4）四楼缓台。

丝绸之路——历史与未来、一带一路。

四楼缓台

（5）五楼缓台。

黄河——生命之源。

五楼缓台

缓台篆刻：

一楼为"德高行端"，朱文印，内容为学校办学的核心理念——德行教育。

二楼为"天道酬勤"，白文印。

三楼为"见贤思齐"，白文印，意指见到有才德的人就想着与他齐平。

四楼为"学而不厌"，朱文印，谓学习没有满足的时候，比喻非常好学。

五楼为"知行合一"，白文印，指客体顺应主体。知是指科学知识，行是指人的实践。知与行的合一既不是以知来吞并行，认为知便是行；也不是以行来吞并知，认为行便是知。

缓台篆刻

地方民俗展示：

马家窑陶罐、敦煌壁画、兰州刻葫芦、西固军傩面具。

马家窑陶罐

敦煌壁画

兰州刻葫芦

西固军傩面具

3. 一楼文化布置

一楼文化主题：尚德。

一楼"尚德"主题

4. 二楼文化布置

二楼文化主题：践行。

践行即实践，用实际行动去做某些事。践，履行，实行。国学经典宋代

《朱子语类》卷九："只有两件事：理会，践行。"

二楼"践行"主题

5. 三楼文化布置

三楼文化主题：自强。

三楼"自强"主题

6. 四楼文化布置

四楼文化主题：乐学。

四楼"乐学"主题

7. 五楼文化布置

五楼文化主题：励志。

五楼"励志"主题

8. 班级文化布置

每个班级都有独特的班级精神，即每块班级外墙板上的"精、勤、诚、恒、和"。墙板右面有班牌设计，展示了每个班级的班徽、班级目标、班级精神、班训、班歌等。墙板中间为才艺展示区域，让学生发挥聪明才智，将墙板布置得新颖独特、内容丰富、寓意深刻。这既展示了学生的才华，也彰显了其个性之美。

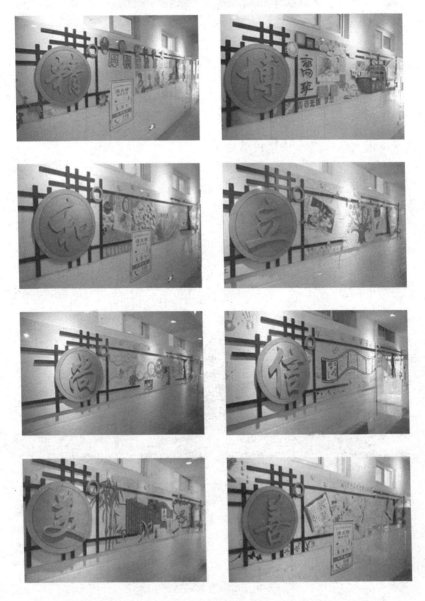

班级文化布置

9. 楼梯楼道美术作品布置

一楼：君子比德于玉——中国玉文化。

二楼：狞厉之美——中国青铜文化。

五楼：天人合一——中国传统建筑。

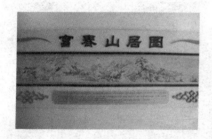

楼梯楼道美术作品布置

10. 图书角文化布置

学校图书角文化的布置，充分利用了空间，将图书布置于其中，营造了浓郁的学习型、书香型校园环境。

图书角文化布置

11. 水房刻字文化布置

"智者乐水，仁者乐山"，教学楼1～5层水房立柱之上布置了传统纹样刻字，分别为"思源""勤俭""惜水""节约""洁净"，意在培养学生惜水、思源之美好品格。

水房刻字文化布置

在新的起点上，全校师生决心用辛勤的汗水浇灌兰州市第二十八中学校园文化建设这棵长青之树，使其枝繁叶茂、硕果累累，为打造西部教育名区做出更大的贡献。

下 篇

论 文 篇

个性化中学校园文化的培育

甘肃省兰州市第九十九中学 褚占辉

每种教育模式都有相应的背景，也都有与之相对应的文化。校园文化影响着在校学生的学习成绩，同时也对他们的人生态度起到促进作用。学校应该让学校的每一面墙壁都"开口说话"，让学校的一草一木都成为教学资源，培育富有个性的校园文化。

一、培育个性化校园文化的意义

1. 彰显学校特色

一个和谐的校园，应该具有深厚的校园文化底蕴。其建筑、景点、绿化带等都散发着文化的气息，是校园形象的真实写照。校园文化展示出一所学校的魅力，与育人文化相互影响、相互促进，大大提高了学校的名气。如北京东城的史家胡同中学，教室配备多媒体设施，校园有风力发电设备，文化室有史家胡同中学展览馆，教室屋顶还有大面积的绿化，这些都构成了校园文化，让学生处于个性化的艺术校园之中。校园文化是一所学校的灵魂。未来学校的竞争不是硬件的竞争、师资力量的竞争，而是文化的竞争。个性化的校园文化才是提高学校竞争力的关键。

褚占辉老师

2. 提升学校品牌

学校最大的资产不是有形资产，而是无形资产——学校品牌。一所学校的品牌凝聚了教学理念、价值观在内的学校文化。它影响着学校的每一名师生。在现代教育资源过剩的条件下，不管学校间的竞争是为了"抢夺"生源还是为了"争夺"师资，归根到底都是品牌的竞争。学校品牌才是生源和师资的保障。个性化校园文化能够把学校个性传达给外界。人们对学校有了全新的认知，学校品牌知名度就会提升。

3. 实现环境育人

美育对德育、智育、体育都有积极的影响。它可以帮助学生提高思想品质，形成健全的人格。美育可以丰富学校的精神生活，激发学生的情感体验，为实现理想和创造美好事物而奋发向上。美育是校园文化的一部分，在校园文化建设中有重要的作用。

4. 完善素质教育

校园文化可以培养学生的审美情操，激发潜能。宁静整洁、绿草如茵的校园环境，让学生在专心学习的同时，还能激发对学习、生活的向往，让自身的潜能彻底释放出来。个性校园文化能培养学生独特的个性。优秀的校园文化环境就是一个生态系统，连冰冷的墙壁都散发着文化的气息，美化学生的心灵，激发他们自尊自爱的主体意识。所以，学校要以素质教育为基础，培育优秀的个性化校园文化，让学生在润物无声的校园环境中健康成长。

二、个性化中学校园文化培育的策略

1. 端正办学思想，全面推进素质教育

实施素质教育首先要端正办学指导思想，提高校园文化的地位。教育部门要出台相关制度，将校园文化作为办学效益、学校评估的重要考核内容。学校年度工作计划、工作总结要体现校园文化的重要地位。此外，在教学课程内容上进行全面改革，强调学生的主体性，全面塑造学生健全的人格。目前，学校课程主要分为三大板块，即学科课程、活动课程、隐性课程，其中活动课程、隐性课程有很多内容是关于学校文化建设的。所以，学校可以在学科课程的基础上创建丰富多彩的校园文化活动，让其成为学校教育一道亮丽的风景。

2. 重视学校整体环境的设计

首先，优化学校物质文化环境。精神层面的影响往往不如物质层面的影响直观，学校的一草一木都会对学生产生影响，所以物质文化建设十分必要。要充分挖掘学校所在地的环境、风土人情、文人传统等因素，大到校舍、教室、围墙、绿化，小到校服、校旗、便笺，都要融入个性化的校园文化。如果学校各种物化的东西都能散发浓郁的文化气息，那么就能在无形中影响学生，也会使教师成为一名沉默而有风范的大师，起着无声胜有声的教育作用。当然，校园文化建设需要强有力的经济支持，但许多中学的经费大多较为紧张，成为制约校园文化建设的拦路石。对此，一方面政府及社会要对中学教育加大投入，另一方面学校要根据自身的人力、物力、财力情况统筹安排，争取以最小的投入获得最大的效益。设施采购档次可以低一点，文化活动标准也可以低一点，但必须彰显学校的个性。其次，要树立积极向上的校园精神。良好的校园精神可以振奋人的精神，催人奋发，积极进取。要以正确的审美观为指导，以美育陶冶学生的情操，使学生的心理得到健康发展，形成健全的人格。

3. 建立校园文化导向机制

学生文化自我导向机制实际上是一种价值观念的体现，需要自身文化素质、审美情趣的提高。而学生文化素质和审美情趣的提高，一方面来自于学校的教育，另一方面来自于学生的自我教育。从校园文化建设角度来看，校园文

化通过对学生润物细无声的影响，提高学生的知识视野，提高审美能力，不断吸收来自外界的、学校的文化营养，不断提高文化心理需求的层次。从自我教育、自我完善的角度来看，校园文化具有自我教育的功能，与普通学科教育相比，校园文化属于一门隐性课程，主要通过环境、情景、氛围的感染，潜移默化地对学生产生教育效果，从而达到育人的目的。有目的地进行校园文化建设，可以收到自我教育的效果，实际上就是学生自我教育、自我管理、自我完善的过程。

4. 加强对学生文化的研究

要使校园文化卓有成效，就必须让学生认同学校、教师倡导的文化，否则学生只是表面上应和，却没有真正行动起来，效果是不显著的。教师要加强对学生文化的研究，在了解、理解的基础上加以疏导，而不是硬性灌输。学生文化的形成是动态的，所以对学生文化的研究应遵循一定的规律性，并不是分析其现状、提出对策就能将问题圆满解决。除了掌握学生文化的思想因素，还要掌握性格因素、情感因素和心理因素，对学生有全面了解，才能够得到有价值的结论。

5. 校园文化展示的作用

校园文化展示了一所学校的底蕴与风采，具有极强的互动性、渗透性、传承性。在良好的个性化校园文化环境中，教师、学生、家长及社会都能从中受益，学校为各方提供了一个高效的工作、学习、沟通环境。

【参考文献】

［1］宁莹莹.学校道德文化建设的困境及破解路径［J］.福建教育学院学报，2014（8）：1-4，128.

［2］火炎.校园文化建设中的问题及策略［J］.华夏教师，2014（9）：91.

新课程环境下的学校文化建设探讨

甘肃省兰州市第九十九中学　王悦琦

　　随着基础教育课程改革的逐步深化，校园文化建设成为新课程实施的重要基础。当前，越来越多的教育者意识到校园文化的重要性，积极展开校园文化建设的研究工作，并取得了一定的成效。学校作为知识的传播地，形式、功能随着社会的变迁而变迁，但对文化的传承、塑造从未改变过。新时期赋予校园文化新的使命，已经成为中学提升综合实力的重要目标之一。

一、中学校园文化建设的重要功能

　　文化总是伴随着社会发展而发展，并对社会产生一定的影响，校园文化亦是如此。中学校园文化是中学的一种软实力，教育功能是不可替代的。

王悦琦老师

1. 教育管理功能

教育管理功能主要体现在两方面：一方面是在教学过程中，面对教育对象进行有计划、有目的的教学，能够正确引导被教育对象的价值观念，使其健康成长；另一方面，校园文化能够为校园营造一种特殊的氛围，这种氛围会潜移默化地影响师生的意识和行为，这是学校硬件无法办到的，也可以说是对学校硬件的补充。在校园文化的熏陶下，教师有了人性化的育人场所，学生也能够更好地发挥自身的聪明才智。

2. 凝聚导向功能

校园文化能够使学校成员趋向共同的价值追求。一所学校共有的精神追求，对学校成员具有无形的、不可低估的感召力和凝聚力。具有了相同的价值观念，师生之间就会产生强烈的认同感，进而紧密地联系在一起。团结是校园文化的一部分，能够让学校焕发新的精神风貌。一个具有良好校园文化的中学，师生之间、生生之间会互相尊重、团结友爱，这样的环境才能促进人的全面发展。

3. 陶冶激励功能

学生的大部分时间是在学校度过的，他们的一些品质与学校的环境息息相关。很显然，良好的校园文化会对学生的道德品行产生影响。一个良好的校园文化环境将会使学生在不知不觉中具有积极向上的心态，沐浴着校园文化的气质，自觉接受校园文化的熏陶，并在潜移默化中形成与学校整个文化氛围相吻合的道德风尚和行为习惯。

二、中学校园文化建设的实施策略

在新课程背景下，校园文化建设需要正确的方法和策略，正如过河需要桥或船一样。

1. 高度重视中学校园文化建设

重视校园文化建设需要从以下几个方面着手：第一，教育行政部门要重视校园文化的建设。加强校园文化建设，培养学生健全的价值观念，促进其成为社会主义事业优秀的接班人。校园文化是学校教育的重要组成部分，也是课程教育改革的重要目标之一，被纳入教育发展战略之中。第二，学校领导要以校园文化建设为目标。学校领导是学校的掌舵者，也是校园文化建设的主要实施者。学校领导要立足实际，积极开展各种校园文化活动，丰富校园文化生活。第三，学校教师要以校园文化建设为己任。教师是校园文化的主要建设者，在校园文化建设中扮演着主要的角色，所以教师不仅要紧抓教学工作，还要将校园文化建设作为工作的一部分。

2. 以学生为本，加强中学校园文化建设

以学生为本，就是以学生的根本利益为出发点。校园文化建设就是要体现以学生为本的观念。第一，要以学生的发展为本。学生是祖国的未来，教师的一切工作都是为了学生，要充分发挥学生的主观能动性，让学生积极参与校园文化建设。若学生主动参与校园文化建设，会不断强化主体意识，感受到自己是校园文化建设的主人，在建设中获得发展。教师要为学生提供多元化参与的渠道，提高学生在校园文化建设中的参与度，为他们的成长成才提供一个有效的文化环境。第二，校园文化建设的内容要以学生的兴趣为前提。校园文化建设的物质基础主要有学习设施、教学设施、生活设施等，都要进行人性化设计，尽量满足学生的需求。在制度建设上要以学生为本，制定和执行要人性化，体现教育者与被教育者的和谐关系。

3. 搞好班级文化建设

首先，根据实际情况突出班级的文化特色。班级文化建设不是对其他文化的简单移植，而要真正从班级实际出发，在班级内形成特色文化。要立足于学校实际，借助于传统、校风、学风来建设班级文化。一所学校在长期发展中会形成一种精神，而这种精神的特质具有强大的磁力，正所谓"无声润物三月雨"，这种精神财富是班级文化建设的立足点。其次，美化教室环境。要使人与道德完美和谐，就要创造环境与语言的和谐关系。教室是学习的场所，也是学生心灵慰藉之地，学生的学习方式、价值取向都与教室息息相关，所以要美化教室，陶冶学生情操，激发学生互相关爱、互相学习的潜在品质。第三，抓学习、促德育。学风与德育具有密切的联系，学风不仅制约学生的行为习惯，还影响学生道德品质的发展。学风建设是德育工作的基础，会潜移默化地影响品德教育。要加强学生的思想道德教育，增强学生学习的积极性、主动性，促进综合素质的全面提高。要充分利用班干部的带头作用，带领班级自觉维护优秀的学风，营造积极进取的学习氛围。

4. 加强学校领导和教师培训，提升各方面素质

学校领导是校园文化建设的主要责任人，起到统领全局的作用。学校教师是校园文化的主要建设者，承担着建设者、服务者的角色，并且教师与学生之间的关系最为密切，对中学生的全面发展有很大的影响。学校领导和教师作为校园文化建设的重要角色，必须对其自身进行必要的培训。领导素质得到提升，能更好地把握办学思路，抓好大局、全局，树立正确的建设方向；教师素质得到提升，方能更好地发挥主导作用，促进校园文化建设的开展。这一方面要进行集中培训，提升理论水平；另一方面要加强实践研修，增强创新能力。

5. 校园文化建设的作用

总之，校园文化建设是学校建设的重要组成部分。通过校园文化建设，能让学生感受到浓郁的人文气息，陶冶情操，潜移默化地影响其学习、生活，为综合素质的全面提高打下坚实的基础。

【参考文献】

［1］王祖亮.学校文化建设的动因分析、价值阐释及策略突破［J］.教育科学论坛，2015（14）：18-21.

［2］祝长水.优化校园"育心"环境建设育人特色文化［J］.中国教育学刊，2014（6）：84.

让初中思想政治课堂充满生活的滋味

甘肃省兰州市西固区教育局 王 睿

新的思想政治课教学内容与传统教学内容相比，最大限度地突出了生活化特征。这就要求教师在教学过程中要联系生活、反映生活，为生活服务，做到教学的生活化。那么，如何构建生活化的思想政治课堂呢？

一、教学与生活实践紧密结合

教学生活化，是新课程改革的核心理念。实施生活化的教学策略，使学生的课堂学习与社会生活实践紧密结合起来，一方面能够拓展学习的时空，另一方面可以把学习生活置于社会生活的大背景下，让学生在丰富多彩的生活中与社会、自然相融。思想政治课堂生活化，必须让学生真正成为课堂的主人，让学生畅谈生活中的体验和困惑。例如在"走进父母心灵"的教学中，从学生对问题的提出到小组的学习探究、与父母冲突的表演，从认识到这种冲突是"爱"的冲突到解决"爱"的冲突的各种方法，再到与父母的主动沟通化解冲突行为的过程中发现，今天的学生是充满智慧、潜能各具特点、鲜活的生命体；教学不再是单纯地传授知识，而是发展、提升学生的生命质量。思想政治课堂中，教师越是放手，学生的思维就越活跃，课堂上的学习效率就越高，所感悟的道理就越深刻。

王睿老师

二、让学生实践中体验学习经历

体验性学习是现代学习方法的突出特征，也是生活化教学策略成功实施的关键。在思想品德课教学过程中，如何让学生体验学习经历呢？我以为，陶行知先生提出的"六大解放"是最好的诠释。具体到思想品德课的教学中，应注重让学生课前收集信息，课上展示、交流信息，课后注重实践和同学间的评价。通过学生之间的合作讨论，并结合游戏、故事、小品、情景表演等形式多样的活动，使学生的课堂活动真正成为教和学的中介。教师的主要作用是指导学生的活动，而非单纯地讲教科书的内容；学生更多地是通过实际参与活动动手动脑，而非仅仅依靠听讲来学习。如在"善于与人交往"的教学中，笔者引导学生进行"微笑"交往、"礼貌"交往以及不同场合的坐姿训练、生活中如何答谢的语言训练等，使"学、说、做"有机统一，让学生在动与练的过程中感悟、体验尊重是交往的前提、礼貌是交往的名片，也是取得成功的名片。通过在课堂上"学、说、做"的练习、表演、比赛、评价，学生获得成功感，课堂氛围活跃。在此基础上，笔者又布置了"问卷小调查"，让学生在采访调查中践行文明交往行为，在真实的生活中"学、说、做"，在实践中发展能力、学会创新，获得文明交往的成功体验。

三、倡导课后实践活动生活化

课后实践活动是课堂教学生活化的延伸和拓展，是指导学生从课堂回归生活，用掌握的知识指导现实生活的中介和桥梁。课后实践活动也是让学生用生活印证知识、深化认识的有效手段。因此，教师课后应该有目的地要求学生开展采访、调查、访问等形式的实践活动，鼓励学生积极参与社会实践，让课堂教学再次回归生活，使学生在生活中发现问题，利用掌握的知识指导自己解决实际问题。学生的绝大部分时间是在学校度过的，其间的喜怒哀乐、同学之间的故事都可以让学生去说、去讲。教师可以抓住每个家庭的特点巧妙设计思想品德的教学内容，家长的职业和所见所闻都是现成的资源，采用请家长来校、走访家庭或是开座谈会等多种形式，让家长现身说法、言传身教。教师要打破传统教学的时间和空间界限，不但将时间延长至课外，而且还要将学生带进社会、领入生活。通过让学生看一看、找一找等实践活动，加深学生对周围社会大环境的认识，还可以针对一些社会现象引发学生思考。

四、指导学生在生活中实践

德育的最终目标是理论联系实际，将所学知识应用于生活，切实提高学生的道德觉悟。要想切实提高学生的思想觉悟，教师必须设置生活实践题目，让学生在实践中内化知识，并经过长期训练成为自觉模式。如在教学"我与父母交朋友"时，学生在课堂上明确了应该怎样孝敬父母。为了让学生知行合一，笔者给学生布置了这样的课外作业：每次外出、回家都要跟父母说一声；每天要帮父母干一件家务活；每周与父母谈一次心，并要求家长做好记录；每周一次反馈给老师，由老师将反馈记录装进学生的成长档案。通过这些方式，学生把课堂所学知识与生活实践有机结合起来，内化了知识，形成了良好的思想品德。另外，笔者还让学生根据所学知识开展调查、访问、参观等活动，提高了学生的动手实践能力，丰富了学生的生活技能与生活经验，拓展了学生的时空领域与思维空间，对学习教学内容起到很好的促进作用。

（此文2018年发表于《甘肃教育》第14期）

向阳花木易为春

——访兰州市西固区金沟中心学校校长陶荣

甘肃省兰州市兰州教育专访组　张国英

　　仿真草坪美化的围墙黄绿相间、生机盎然，把人带回初夏飘香的油菜花海。墙边一道绚丽的彩虹跑道，直通对面红白相间的四层教学大楼。水泥操场上，国旗台、篮球架、单双杠、高低杠、肋木架、云梯、乒乓球台、长条凳，各就其位，一尘不染。碧绿的芭蕉、翠竹、棕榈、椰子树抢了银杏、樱花的风头，风姿绰约地迎风起舞，给冬日的西固区金沟中心学校增添了几分生机与靓丽。

陶荣老师

学生舞蹈表演

　　"以前这里就是典型的农村学校，冬天萧瑟荒凉。现在不仅变得干净了，还有了这绿墙、七彩跑道和热带盆栽。校容校貌也大不一样。现在，家长和周边村民常常到校园里拍照留念呢。"在乡里工作多年的干部马淑贞说。

　　"下一步，我们要种更多的真花真草。"衣着整洁、英气勃勃的陶荣校长如是说。

告别炉火

学校办公楼、楼梯、走廊等角角落落都被擦得一尘不染，每层走廊尽头的白色浴室柜也是锃光瓦亮。墙上，《秋染关山》《雪瑞金沟》《蝶吻百合花》《百合地劳作的农民》等金沟风光摄影作品都出自本校师生之手，色彩明丽，构图新颖，富有诗情画意。

阳光照进教师办公室，犹如金光洒在米色窗帘上，洒在窗台的绿萝和富贵竹上，洒在半墙的书柜上，洒在有机玻璃隔开的米色办公桌上，洒在棕色地板上，生机盎然，温馨宁静。洁白的洗手池、暖气片与黑色的办公椅又添了几分纯洁与庄重。教师正静静地备课，或批作业，见有人来，起身笑迎。

"百合居"（女生宿舍楼）二楼的外楼梯改成玻璃花房，屋顶垂下一串串细碎的乳白、淡黄、浅粉、浅紫的藤萝花，墙角摆着盆花绿植，柔软与温情油然而生。

走廊里"人的影响短暂而微弱，书的影响则广泛而深远"、"明之尚美，德馨亦缘"提示着这里是书香浸润、和美温馨的家：舍虽小，而心宽；人不同，而道合。紫竹轩、璞蝶轩、求索园……特色宿舍牌上有各自的全家福照片、舍歌和名言：《那些花儿》《隐形的翅膀》唱出姑娘们的心声；"傲然伫立于茫茫人群中，我们要用那一根紫竹作傲骨"、"慎独成才，宁静致远"说出青春的追求；整齐的床铺、干净的被褥、床头的图案、窗台的小花，展示着家的美好与温暖；晾衣架上的衣服诉说着家的贴心与自由。

明亮清雅之室，同心同德之风。信然！

教学楼大门上书"仁爱学苑，贵和家园"。陶荣校长说："我们金沟也是著名的百合之乡，百合（"和"）是我们校园文化的核心。学校有百合居、百合餐厅、百合浴室，有以'和乐空间'、'和梦中国'、'和悦之旅'为主题的走廊文化。我们主张'乐学从善，尚中贵和'，有'善问'、'善思'、'善闻'墙，提倡'和顺、和善、和实、和美'，建设一个和美家园。"处处有匠心，时时在化人，学校的"军事前沿"、"科技天地"、"美术长廊"、"民族团结"等专栏内容丰富多彩。

中心校下属的海拔最高的杨家咀教学点，除了年级少（1~4年级）和学生少（46人），崭新的教学楼、设计巧妙的走廊文化与班级文化同样温馨，整洁的办公室、教室、书包柜与城市小学别无二致。

在杨家咀工作了27年的马荷江校长说："过去办公、住宿条件差，没暖气，也没食堂，连个像样的厕所都没有。除了本村老师，年轻人来这里没超过5年的。我们的新教学楼2014年开建。2015年初，陶荣校长来了，他年富力强、精力充沛、雷厉风行、有魄力、效率高，自己精益求精，也把我们催得紧。教学楼2016年春就投入使用了，校园文化也是在他的亲自设计与指导下做出来的。今年，我们还划时代地修了锅炉房，烧了土暖气，告别了炉子时代。"

走廊文化

陶荣校长的爱人丁老师说："我们孩子课外学英语、小提琴，最近还想学舞蹈。就连周末和节假日他也忙着往学校跑，接送孩子不敢指望他。不过，看他早出晚归，头发大把大把地掉，也真心疼。陪不了家人，分担不了家务，他也挺歉疚。所以只要腾出时间，就带我们去旅游，长长见识。"她话锋一转，"不过说实话，他有很多才艺，也确实想通过自己的努力实实在在为农村学校干些事，让山里娃娃跟城里孩子一样有个无憾的童年。盖楼，以及修国旗台、锅炉房、学校护坡和封闭式水窖、买发电设备、操场美化、文化建设、器材购置、活动设计……样样操心，事事亲力亲为。他心急好强，想到一件事，不干完就睡不着觉。我说：'别太急，一样样干，实在干不完还有明年。'他说：'可四个教学点的孩子和中心校的孩子等不了。我们早半年做好，他们就能享受半年，孩子们的童年就会因为我们而增光添色，我也就无悔了。'"

每周两天在杨家咀走教英语和信息技术的王文杉老师说："我从小在城市长大，2016年元月刚进校时，觉得这里真偏远。中心校的教学楼刚投入使用，校园文化一片空白。但现在，才一年变化就这么大。再过不久，连学生浴室都有了，公交车也要通了，城乡学校差距大大缩小了。"

"不是我有多能干，我也是借了国家全面改造农村薄弱学校项目的东风，在均衡资源促进和谐发展方面做了些力所能及的工作。光杨家咀、熊子湾两个教学点，国家就先后投入近900万元，每名学生人均投入十多万元。我们要感恩国家，感恩这个时代！"陶荣校长谦虚又满怀感恩地说。

百合花开

"硬件上去是第一步，要想全面提高教育教学质量，提高学生的素养，教师是关键。"陶荣校长说，"金沟是西固唯一的纯农业山区乡，偏远艰苦，教师流动性大。留住骨干、稳定队伍，是当务之急。行政干预或强制留人，是对人才的不尊重，留住人留不住心。我们要先把老师当人看，其次再当老师用，要让他们感到工作是愉快的、生活是幸福的。"

"2015年3月2日，陶校长上任第一天就开车跑了四个教学点。到这儿了解到，学生是区里统一的七点五十到校，而老师到校更早时，他说：'路陡、弯急、雪滑，天又不亮，你们开车坐车太危险了，推迟半小时到校吧，中午顺延，上课总时间不要减少。'"杨家咀教学点的马校长接着说，"老师们特别感动，说要给陶校长的人文关怀好好鼓个掌。后来，教学条件一步步改善，老师们能安心教书，素质高、业务好的大学生也能分来了。中心校还派来了走教老师，带英语、美术、体育和计算机。文化课、科技体艺等活动都能开足、开齐，我这个校长好当多了。"

王文杉老师说："2016年快放寒假时，新考的大学生到各校报到，分在别处的同学说交个报到证就回了，我们5个到金沟时就只带了报到证。没想到陶校长特意等着我们，跟我们聊天、谈心，说大学毕业刚到山沟可能一时还不适应。年轻人就应该有目标，只要能静下心来，哪里都可以扎下根，都可以成才。他还以自己的成长经历鼓励我们，我们觉得这位校长很特别。"

"后来发现他对工作、对自己要求都很严。比如，我是学计算机的，定期在学校微信公众平台发消息。上周末，学校纪念金沟学校建校70周年，组织教师冬游关山暨摄影大赛活动。建投票系统时，我每做好一版都给陶校长发过去，他不是只看一下、发个指示，而是讨论修改到很晚，甚至夜里十一点多了，他还在修改。他精益求精的态度深深地打动了我。"

"我每周三天在中心校带3～9年级的信息技术，两天在杨家咀带3～4年级的信息技术和4年级的英语，课时多和英语教学的压力让我刚开始有些不适应。现在好了，只一心想着如何克服时间少的困难，如何用学生喜欢的方式教好英语。这里人与人之间也特别和谐。说实话，近几年我没打算离开，我要在这里好好锻炼几年。"

朱文斌老师说："陶校长有才气，说话幽默而周全。管理抓得好，巡查勤快细致，教育教学高标准。每年的学业水平测试中，他要我们在西固区六所农村学校中保三争二。说实话，我压力不小。绩效工资减少是小事，影响学生的学业与前途罪过可就大了，希望我中午和课余的查漏补缺和督促能早日见效。"

李广英老师说："我是金沟人，在这儿工作20年了。这两年，学校变化特别大，现在与城市学校相比一点儿也不落后，在这里工作我很自豪。"

"尤其这两年教师的培训研讨抓得紧。老师们到杭州、北京等地参观培训，大家觉得见识过就是不一样。以前来金沟的名师专家很少。这两年，省小语会专家——滕明娟、王建萍等金城名师、名校长及工作室成员多次来到这里，给我们做群文阅读、吟诵、好老师心智装备训练营等讲座，还一起搞同课异构交流研讨活动。"

"以前学校搞过地震应急演练，但消防演练、近距离接触消防车还是第一次，不仅让学生学会了使用灭火器，老师们也长了见识，学习了急救知识。大家说，万一遇到紧急情况，第一时间冲在最前面的还是老师，学了就能科学应对。青蓝工程、跟踪听课、新教师亮相课等系列活动，使新教师得到了快速成长。学校不仅培训老师，还培训家长，请教育专家刘逸舟来校做了'智慧母亲，兴家旺族'的专题讲座。"

陶校长常和老师们说："你有多大本事不重要，重要的是把你的本事在学生身上体现出来，那才叫本事。只要你有合理的想法，有益于学生，有益于学校发展，我会想尽一切办法来实现你的想法。"

体育老师张果是因伤从专业摔跤队退役的，他非常喜欢自己的专业，来校六年，常遗憾自己再也不能参加比赛为国争光。新楼建成后，陶校长来征求他的意见，又经过学校讨论，不到两个月就为他建了一个相对专业的摔跤工作室。看着"东风吹，战鼓擂，无敌众将会惧谁"的标语，看着墙上介绍摔跤的历史、种类、规则，看着地上厚厚的摔跤垫。张果老师很感动："专业器材设备很花钱。但陶校长办事认真，只要他答应的事，无论有多大困难，他都想方设法、全力以赴地办好。摔跤兴趣班已训练了一学期。当然，我也不能急于求成、拔苗助长，得科学训练，先练好基本功。将来若有可塑之才，能为国家队输送好苗子，实现我未完成的理想最好不过。即使没有，学生有了摔跤的兴趣，练好了身体也不错嘛。"当记者问"若城里有了更好的工作条件，你是否会离开"时，他坚定地说："要临时帮忙带课可以，但不愿离开这里。农村孩子朴实、肯吃苦，我特别喜欢他们。"

摔出精彩

王霞老师擅长草编画，学校便帮她组建了麦秆画工作室。她指导薛佳雯同学做的麦秆画《喜鹊登梅圆国梦》，2016年4月获得甘肃省中小学艺术展二等奖。美术室墙上，《龙吟梦》《虎啸梦》《猴啼梦》《狗吠梦》《鸡鸣梦》……一幅幅麦秆画栩栩如生，原来学生是打算做系列麦秆画《十二生肖圆国梦》呢！

学校又为擅长吉他、二胡和舞蹈的老师分别量身打造了相应的工作室。

心悦而诚服，春雨催谷生。

在青年教师才艺大赛上，教师秀出了歌声、书法、二胡与厨艺；运动会上，教师套着编织袋在趣味中前行；在高高甩起的绳子下，园丁们欢笑着跃起；在甘肃省群文阅读教学大赛中，梁烽老师获一等奖；在兰州市中小学德育精品课展示中，梁烽老师执教的"为中华之崛起而读书"获奖；甘肃省小学语文"儿童文学阅读"比赛中，瞿小翠、李瑞、范红梅、徐正娟等老师获三等奖；在省级以上刊物上，教师发表教育科研论文30余篇；学校有1项省级规划课题、2项市级规划课题和3项个人课题即将结题；梁烽、许明芳、陈霞老师还被评为西固区教学新秀。

陈老师说："我爱你金沟，这片贫瘠的山里，也有爱的春天；我感谢您，陶校长，金沟今天的辉煌源于您的指导与希望……自从有了您，翩翩的舞蹈、动听的歌声时刻在校园回荡；自从有了您，大山有了心的呼唤，更多的人认识了美丽的金沟；自从有了您，我们也踏上了欢乐的征途。在金沟，我心飞扬！"

"我从小在农村长大，我知道农民家长最期盼孩子好好学习，通过学习走出大山、改变命运；我了解农村学生最缺跟城市学生一样七彩绚烂的童年生活，最缺音乐、美术等综合艺术素养和自信。我也是从普通教师一步步成长起来的，期间有无数人关心我、帮助我。我也知道一个老师最需要什么。"陶校长说，"我们这样舍得投入，除了给老师们提供专业发展的有利条件，更是为了整合一切资源，全方位培养学生的综合素质，给农村学生一个美好的童年、自信的未来。"

筑梦金沟

陶荣校长生长在"两半户"家庭。父亲是工人，业余爱好是养花喂鸟，自家小院从不缺珍禽异木和鸟语花香。母亲是农民，讲不了多少大道理，对孩子从没说过一句重话，但她的勤劳质朴、宽厚慈善深深地影响了她的孩子们。

西固区新滩学校退休的陈秀莲校长说："我在陈官营学校教书时，陶荣是我的学生。从小聪明又肯学，成绩突出，初三毕业考入兰州师范。1992年夏天，区里调我去范坪学校当校长，我就要了六七个中师毕业生。陶荣成绩优异，多才多艺，擅长美术，喜欢摄影，手也特别巧，用纸叠的各种小动物活灵活现，喜欢吉他与萨克斯，我点名要了他。刚毕业的他和另一位老师留着大波浪长发，穿着花衬衣和大喇叭裤，感觉像美国嬉皮士。我问他们为什么这样打扮，他们说因为喜欢摇滚乐才这样打扮。"

陈校长说"记得我们教职工每天早上坐车七点半到校，刚好下早读，初中的学生齐刷刷趴在楼梯上看他俩，他俩则昂首挺胸地走过去。不过，据我后来观察，他俩打扮虽另类，但做事认真，上课很受学生欢迎，成绩也不错，给学生说话也都充满正能量。"

"一次，我带了40多位老师在五泉山开联欢会，过往游客都用奇怪的眼神打量着这两个穿花衬衣的长发老师，弄得我还挺不好意思的。"陈校长笑着说。

"因为了解我们的人品与工作，陈校长就容忍了我们一学期。期末，她找我俩谈话：'你们考虑一个假期，下学期要还舍不得剪头发就别来上班了。当老师还是要注意影响。你们看，初三有几个男孩子也开始留长发了。他们跟你们不一样，辨别是非的能力还不强，不小心会走偏。'"陶校长笑着说，"我的头发，我爹没治，我妈没治，看来陈校长这关过不去了。再说，确实得为学生着想啊。新学期，我俩焕然一新地去上班了。我教小学一学期就调到初中教数学，陈校长还让我在学校团委组织各种活动，真是锻炼了我。"

"现在的我很开朗，但16岁以前，我特别内向，家里来客人我就躲起来。师范生活对我的性格影响很大。"陶校长继续说，"20岁的我喜欢音乐与乐器，但18岁以前，我的乐器基础是零。师范三年级的一个夜晚，小师弟弹吉他唱着《小雨中的回忆》，琴声与歌声深深打动了我。我下定决心买乐器、学乐器。省吃俭用一学期，攒了60元钱，又跟姐姐借了30元，90元钱买了第一把吉他。自学到一定水平后，还组建了个小乐队。"

"现在想想，陈校长当初不仅能包容年轻人张扬的个性，更能因势利导，发挥每个人的特长。学校给我们腾出地方搞各种活动，还专门买了乐器，让我们成立乐队。六一儿童节时，乐队还上了节目，学生自豪，家长也兴奋。"

陈校长说："我喜欢年轻人，我们一学期搞两三次大型活动，师生同台演节目，唱歌跳舞，或者学生唱歌、老师伴奏。师生关系一亲近，学生学习的积极性也调动起来了，5年内考了26个师范生。"

向阳花木易为春

年轻的陶荣老师很快成长起来，1997年成为西固区优秀团干部、优秀教师、工会积极分子，1999年成为兰州市优秀辅导员。努力工作的同时，他加强自学，1999年8月毕业于西北师大汉语言文学（专科）。因为有管理才能，2000年2月，陶荣老师被推荐为小坪学校教导主任。2002年，陶荣老师获2001年度西固区教学质量优胜奖，成为兰州市小学区级骨干教师，后升为副校长。2004年12月，陶荣老师调任东湾小学校长。

2012年起，陶荣老师的论文《与新教师共勉的五条建议》《小学高年级语文教学中学生语文素养的培养》《小学高年级语文习作教学现状与对策探讨》分别在《中国教育研究与创新》《新课程》等杂志上公开发表。

"2015年2月，陶荣老师通过了区教育局的公开竞聘，成了金沟中心学校校长。2016年9月，他被评为西固区先进教育工作者。"西固区教研室主任黄兰珺说，"他来以后，学校各方面进步很大。在中小学生田径运动会上，2015年获兰州市的一金三银，2016年获区上团体总分第二。合唱队在西固赛区获三等奖。2015年-2016年，连续两年获西固区中心校教学质量优秀奖、西固区教育教学质量优秀奖。2016年，学校成为兰州市依法治校示范校、甘肃省中小学德育示范校。"

"我常常看陶荣校长的空间，发现金沟学校活动还挺丰富的，照片很漂亮。不过，他也挺辛苦。以前头发浓密乌黑，现在头发掉得脑门都有些亮了。"陈校长自豪又怜惜。

"受父母和陈秀莲校长的影响，我喜欢精致的、有情趣的，甚至是浪漫的生活。记得在当年的范坪学校，师生们用拖布、抹布把校园打扫得一尘不染，根本不像是农村学校。"陶荣校长说。

德艺双馨耀杏坛，筑梦少年薪火传

在金沟中学的课堂里，学生在电子白板上的演示那么娴熟，小组讨论那么热烈，教师们巡回指导那么认真；在美术室里，学生素描那么专心；在阅览室里，学生读书那么专注；在体育课上，学生那么活跃，富有朝气；在音乐舞蹈教室里，讲台边的钢琴上放着乐谱，墙上的柜子里放着吉他和二胡，整面后墙镜使教室更宽敞、更明亮，学生在穿白纱裙的舞蹈老师的指导下慢慢下腰……

再看墙上的照片，"环保时装秀"那么潮、"蝙蝠侠"那么酷、课本剧那么炫、藏族舞那么柔、二胡演奏那么醉……

杨家咀教学点的楼门口，几个学生笑着、追着，争先恐后地问老师好。大课间的操场上，练武术的学生，一呼一喊那么响亮，一招一式那么飒爽。"今天没穿武术服装，不然就更漂亮了。今年中心校汇演时，家长们都下山去看。武术与小品获奖后，家长们可兴奋了，都说以后要好好支持学校、配合老师。"马荷江校长说。

"我在中心校当班主任，以前大课间就做广播操，现在丰富了，有军体拳、绳操、广播操、眼保健操，等等。2015届学生毕业前的军训，学生表现好，教官直夸赞，家长尤其激动。汇演时，家长们纷纷拿出手机拍照，反响很热烈。"李广英老师说。

"我是金沟人，与老百姓接触多，对学校与学生的变化，老百姓交口称赞。"乡干部马淑贞说。

"无论别人怎么样，我只关注金沟人民需要什么、我在金沟干了什么、金沟老百姓怎么看我干的事。我是金沟人，我不想听到任何人说金沟的不是（不好）。"陶校长说，"下一步，我们要深入推进素质教育，认真开展'六个一'（培养一个好品德、养成一种好习惯、练就一身好体魄、学会一笔好书法、训练一副好口才、掌握一门好才艺）活动，努力使'学校有特色、教师有特质、学生有特长'。"说起金沟，陶校长满是自豪、幸福与憧憬。

金杯银杯，不如老百姓的口碑！

远远看去，那栋红色的五层大楼是金沟乡政府所在地的标志性建筑，与绿树成荫、干净整洁的大街小巷，与水泥路旁木栅栏围成的花园，与村民活动广场，与街道两旁的文化墙，共同谱写着美丽乡村金沟梦。

（此文发表于2016年《兰州教育》第六期）

真抓实干，促进学校工作再上新台阶

甘肃省兰州市第二十八中学　郭　斌

　　恰逢新中国成立70周年，兰州市校长发展学校一行120余人，在中央教科院和市教育局职教中心的精心组织下，踏着春的脚步，来到了美丽的羊城，开始了为期七天的培训。本次培训以课程建设和教育教学为主题，既有前沿热点分析、基于核心素养的课程与教学改革，也有互联网+教育、高效沟通、生涯教育、办学经验、生本教育等，既有专家讲座、学校参观，也有小组讨论交流等，内容丰富，形式多样，成效显著。下面，笔者谈三个方面的学习体会。

一、不断更新理念，做好学校教育的引领者

　　苏联教育家苏霍姆林斯基说过，校长对学校的领导，首先是思想上的领导，其次才是行政上的领导。对于一个人来说，他的思想有多远，就能走多远。对于一所学校来说，校长的思想有多远，学校就能发展多远。本次培训中，通过九大热点问题的分析，使我们知道了新时代教育面临的问题——基于核心素养下的课程与教学。使我们对于核心素养的了解，从知其然的基本操作层面上升到知其所以然的因果转换，尤其是通过学习开放中的学校变革，使我们见识到了互联网+教育对教育发展现代化的冲击和影响，开创了未来教育新的发展方向。同时，为我校已建成的VR教学室、智慧教室等先进的教学设备使用效率不高提供了可借鉴、可参考的方法。即单单引进技术是不够的，只有当技术与新的学习方式结合起来，生产力方面的巨大受益才会产生，而这必须通过教师的培训和课堂的系统变革来实现。

通过高效沟通的专题学习，笔者开始由观察教师如何对待学生和家长转向开始审视自己。在以往的学校管理中，笔者的行政角色明显偏高，观察、感受、需要、请求，四阅要义，真正体会到了"话有三说，巧者为妙"的含义，找到了对青年教师尤其是新入职教师在管理、培养、使用、成长方面的途径和方法，必须从改变自己和青年教师沟通的心态、角度、技巧开始。

北大培文学校尽管是民办学校，体制不同，但其精细化管理让人耳目一新，目标、责任、执行、高效在这所学校里体现得淋漓尽致。

第一次比较系统地聆听"教育生涯规划"，使笔者为教育生涯规划由认识层面进入到实践操作层面提供了思路和方法。真光中学"尔为世之光"的校训，将学校的教育目标与学生的发展途径结合得如此完美。

郭斌老师

二、坚持努力学习，做好学校教育的指导者

《礼记·学记》中说："学然后知不足。"学习是一个自我觉醒的过程。正如"鸡蛋理论"所言，鸡蛋从外打破是食物，从里打破则是生命。人生亦是，从外打破是压力，从内打破是成长。

要提升学校的领导力，决定了作为学校教育的指导者，必须要更好、更快、更多地学习。

一是要提高对学习重要性的认识。社会发展寄托于教育，教育发展的关键看学校，而学校发展的关键则在校长。校长唯有学习才能提升学校的生机与活力，才能提升学校的质量与层次，才能促进学校的内涵发展和品质提升。

二是要明确学习内容，既要学习国家的大政方针，落实立德树人的根本任务和培养学生的核心素养，也要学习教育教学的基本思路和操作方式。首先，通过学习确定好目标，明确要到哪儿去；其次，通过学习教育理论和方法，明确要怎么做；再次，通过学习弄清楚自己的实际情况，知道自己从哪里来。

三是坚持学习，向专家学理论、学创新，向身边的同事学经验、学方法，向从甘肃走出来的本土专家和在座优秀的校长学实践、学精神。

三、加强创新实践，做好学校教育的实践者

正如教育局局长在开班仪式上的讲活中提到的："我们要有所改变，要以变应不变，以变应万变，并以变争取能引发变。"

一是通过大量的"学"，使我们的积累不断变"厚"，不断地学取知识、丰盈人生，荡起前行的双桨。这样，学习越久，越容易由学习者变成引领者。

二是用不断的"思"，使我们的沉淀不断变"慧"，求同存异，去伪存真，为我所用。思考越久，越容易由思考者变为思想者。

三是用坚持的"行"，使我们的思考不断变"实"，用行动将思考转化为行为、将理念转化为行动。行动越久，越容易由行动者变为专业者。

兰州市第二十八中学自2014年以来，先后投入3000多万元，对教学楼进行了加固维修，翻建了操场，新建了大门、VR教室等20个功能室和4间智慧教室。目前正对新并入的商贸学校原校区进行改造，拟新建2000平方米的地下体育馆，硬件条件将得到极大改善。截至2019年，学校新引进的免费师范生、研究生等优秀大学生共43人，极大地优化了教师队伍的年龄结构、学历结构和学科结构，这些大学生即将成为学校持续发展的生力军和接班人。兰州市商贸学校并入后，学校的办学场地扩大至原来的6倍，建筑面积扩大了3倍。至此，制约学校发展的硬件落后、师资短缺和办学场地狭小三大因素彻底得到了解决。

在硬件建设得到全面改善、师资队伍得到有力补充和更新、办学场地进一步扩大的情况下，兰州市第二十八中学如何获得跨越式发展，办好人民满意的教育，为打造西部教育名区贡献自己的力量呢？学校领导班子在继承过往、分析现状、展望未来、征求意见的基础上，提出了"11158"发展思路，即围绕一个中心、贯穿一条主线、突出一项任务、强化五个重点、落实八个工程。

1. 围绕一个中心

落实立德树人，提升教育质量。

2. 贯穿一条主线

持续抓好"两学一做"学习教育和师德建设，不断推进党建工作和业务工作相融合，大力营造学习宣传贯彻习近平新时代中国特色社会主义和全国教育大会精神，着力发挥共产党员的先锋模范作用，为学校各项工作的有序开展提供坚实的政治保证。

3. 突出一项任务

创建甘肃省省级示范性高中。研究省级示范性高中的创建标准，对标创建，通过创建活动使学校的办学水平显著提升。

4. 强化五个重点

一是全面开展新校区建设，确定学校功能分区，努力建成教育教学设施完整、功能分区合理的校园基础设施；二是扎实开展省级文明校园和省级特色高中的创建工作，努力营造团结向上、和谐美好的校园环境；三是抓住新高考改革的有利契机，全面推进教育教学改革，做好新高考改革的各项准备工作，争取在改革中寻找机遇、寻找方法、寻找突破、寻找成效；四是继续做好课程建设、课堂建设和评价建设，进一步促进学校内涵发展；五是进一步完善学校教育教学管理制度，进一步实现规范办学。

5. 落实八大工程

一是教学常规加固工程，重视优化教学常规的实效性，形成精细化管理和巡视、跟踪、检查的长效机制，抓好教育教学质量提升的关键；二是教师素养建设工程，继续优化教师队伍建设，转变教师教学行为，加强对青年教师的培养，以丰富的听评、指导、讲座、比赛等形式带动青年教师的专业发展，促进青年教师快速成长；三是学风校风转变工程，着重加强学风建设，推进学生综合素质评价，形成严谨、细致、规范、有效的学风管理考核和学生综合素质评价机制，进一步转变学风、校风；四是德育发展工程，加强德育队伍建设，着力培养青年班主任队伍，全面落实育人导师制，科学评价德育成效；五是教育科研强校工程，重视教科研工作，鼓励教师将问题转化为课题并进行研究，提高教育教学的科学性和有效性；六是教育教学改革工程，大力推行信息化教学、目标导学，重视实验教学，努力创建学校特色；七是学生特长培养工程，推进学生德育课程化建设、校本课程体系化建设、学生社团全员化建设，培养学生特长，促进学生全面发展；八是家校共育共建工程，重视家庭教育，将家庭教育提升为家校共育工程，研究家庭教育新问题，努力提升家庭教育工作水平。

精诚所至，金石为开。通过参加这三期的培训，笔者深深地认识到，作为校长，要用持续更新的理念，在开放教育中培养现代人；要用真抓实干的作风，在民主教育中培养自主人；要用务实高效的方法，在科学教育中培养创新人；要用全面发展的思维，在和谐教育中培养健康人。

彰显校园文化特色　完善学校教育理念

甘肃省兰州市临洮街学校　常　凯

学校在一代代临洮街学校教师春风化雨、苦心耕耘下，日益凸显校园文化特色，日臻完善学校硬件设备，逐步形成特色办学理念。在积极开展特色教育主题活动中，教师通过特色建设、努力创新和不断实践，引领着理想教育的步伐。

一、校园建设，彰显文化特色

走进临洮街学校校园，处处林木葱郁，一草一木、一墙一廊都充满生机、充满活力，每面墙壁、每个角落都凸显学校文化特色。

常凯老师

学校虽然尚在合校的过渡时期，新校区尚未建成，但是近两年学校筹措资金，美化校园、更换课桌凳、充实文化类饰品等，使学校硬件建设日臻完善，文化氛围日益浓厚。教师专业素质逐年提高，敬业精神逐年增强，且都经过专业学习和培训。学校还成立了教师合唱团、学生合唱团、舞蹈组、书画剪纸组等十几个兴趣小组，今年又引进了C201WER工程创新赛套装，专为学生特色主题教育服务，并配备专业教师进行培训。

学校本着"办规范校加特色学校，育全面人才加特长人才"的原则，面向全体学生，通过多种途径，积极开展特色艺术教育活动，培养学生感受美、表现美、鉴赏美、创造美的能力，树立正确的审美观。

学校从师资上予以分类选拔，在课时上予以充分保障，每项训练均配备专业教师，并设有专门的训练场地，每周有两节课的时间保证。每项训练，学期初制定相应的训练计划，学期中通过活动进行督导，学期末纳入科学考评，在训练的同时逐步完善相关内容，形成具有鲜明特色的校本教材。

二、创新理念，精研管理特色

学校以"追求和谐，寓教于乐"为核心教育理念，以"尚乐"为文化内涵，以"办人民满意的教育"为核心价值观，努力践行"以人为本，快乐阳光"的办学理念，谋划科学发展之路，努力做到"教师发展、学生发展、学校发展"，收获了社会满意的教育质量，促进了学生德智体美劳全面发展。

学校把"工作决策化、工作目标指标化、工作程序规范化、工作任务职责化、工作考核积分化"作为行政管理方案，以理想教育立魂、人文感化立德、规范管理立行、科技创新立业为基本方针，形成了"一实"：教学质量管理过程狠抓落实；"二严"：校纪严明、治学严谨；"三高"：教学高质量、队伍高水平、师德高品位；"四优"：办学模式优、科学管理优、运转机制优、办学质量优的立体化管理特色。

进一步引领教师专业发展。一是开展高效课堂创建活动及集体大备课活动；二是将课题研究工作做实、做强，努力培养骨干教师后备梯队；三是有创意地做好德育工作，提升办学品质，把"立德树人"作为各项工作的出发点，增设德育课程，抓好学生良好行为习惯的养成教育。

积极打造良好的校风、学风、教风、行风，着力构建风清气正、和谐进取的教育生态环境，确保各项举措、目标、任务落到实处、见到实效。

加强领导班子的办事成效和服务意识，团结为公，带头实干，做到勤学习、勤研究、勤管理、勤沟通，各部门要围绕教育教学质量，踏踏实实地做好分管工作，打造一支能干事、会干事、干成事的管理队伍和学习型的班子队伍。

注重管理科学化、制度化、规范化，用理想教育目标感召人，用人事制度改革鞭策人，用分配制度改革激励人，极大地调动了教职工工作的积极性。制度化管理的"严"与人文化管理的"宽"相结合，充分激发了全校教职工"校兴我荣，校衰我耻"的主人翁意识。

三、精业乐业，打造特色教师

强抓师德师风建设，不断提高教师修养。进一步强化了教师思想品德、职业理想和职业道德建设，引导教师以德修身、爱岗敬业，认真落实《教师法》《未成年人保护法》等制度，规范教师的教育行为，严禁体罚或变相体罚学生、乱订教辅资料、有偿家教等违规行为的发生。严肃教师工作纪律，严格推行师德不合格"一票否决制"，做到依法执教、廉洁从教、文明施教。

加强班主任管理与培训。切实抓好班主任工作，以德育为突破口，全面推进素质教育。进一步完善班主任考核制度，细化考核细则，严格遵循考核程序，强化班主任的责任意识和创新精神。学期末召开班主任经验交流会，评选"优秀班主任"，帮助班主任成功，促进班主任成名。

广大教师开展特色主题学习活动，用教育理想锻造心志，用诚心关爱学生，以细心教育学生，靠耐心塑造学生。他们点缀成趣，使学生体验知识之乐；他们引导探索，用特色实践教育目标，使学生感受攀登之乐；他们深入浅出，使学生品味易学之乐。

通过几年的培训，教师增强了精品意识、忧患意识、服务意识、责任意识和包容意识，树立了多转变、多开发、少重复、少封闭的观念，学校由此实现了由一般教育向特色主题教育的转变。

四、面向学生，开展特色活动

开展特色主题班会。根据学生实际，德育处每学期初召集班主任商定全学期班会主题，制订计划，各班级依章实施，并确立了"针对要强、趣味要浓、创意要新、参与要广、形式要活"的班会"五要"标准。特色班会已成为学生课堂生活的外延，成为培养与展示学生综合素质的舞台，成为培养学生人格和发展学生个性的基地。

实施班级评比星级化。学校狠抓班级文化建设，制定"星级班级"与"红星学生"评比方案，每月、每周利用班会时间在学生中开展红星评比。通过几年尝试，班班创建良好的班风已蔚然成风。

育人环境阵地化。校园广播、墙报、升旗仪式，使学生心灵得到净化和升华。宣传橱窗里、教室内、走廊上的字画条幅，展示了临洮街小学学生勃勃的生机和昂扬的斗志；散布于校园各个角落的名言警句，传递出师生崇高的人格理想和卓越的人生追求。校园的每一处都是理想教育的阵地，学校的每一时都体现特色主题教育的匠心！

一分耕耘，一分收获！临洮街小学在开展特色主题教育活动中，出现了"人人有向上的追求，班班有攀登的行动，周周有成功的喜悦，月月有奋斗的目标"的可喜局面，"激发学生内驱，实施特色教育，注重实践体验"的学校主题特色教育原则得到充分体现。

"潮平两岸阔，风正一帆悬。"临洮街小学信心百倍，相信通过实践特色主题教育，必将展开理想教育的风帆！

基础教育环境文化育人价值初探

甘肃省兰州市二十一中学　刘　芳

随着素质教育的推进，在校园文化建设和师生关系建立过程中，学校越来越重视校园文化对学生成长的影响及其具备的育人价值，也逐渐实现了校园文化的创新和拓展，积极挖掘有利于提高学生人文素养、培养学生健康思想和高尚品德的校园环境文化，为良好师生关系奠定基础，从而提高学生学习的积极性，促进学生主动探索、勇于创新。但学校环境育人价值的实现却并非易事，纵观当下，大部分学校的环境文化都流于形式，或者千篇一律。学校只有吸取此类教训，借鉴先进的环境文化建设策略，加强教育观念的变革，从校园室内和景观设计中实现创新，才能实现环境育人。

刘芳老师

一、基础教育环境文化的价值分析

学校环境不仅是学生学习的硬件保障，同时也是一种隐性文化，是学校办学宗旨和师生美好愿景的体现。良好的校园环境不仅能够给学生带来愉悦的心情，同时也能够潜移默化地熏陶学生。因此，环境被认为是一种具有育人价值的隐性文化。笔者综合多年教学管理经验分析如下。

1. 环境文化具有导向价值

环境文化是全校师生的共同理想、价值观念和行为准则，引导着全体学生沿着正确的方向和道路前进。一所学校提倡什么、反对什么、教育的宗旨是什么、鼓励学生做什么、限制学生哪些行为，都应该非常明确。校园环境就具有这样的导向价值。踏进校园的第一眼看到的就是学校环境，这种环境能够给人最直观的感受，仿佛在告诉学生应该做什么、怎么做。因此，校园环境文化具有一定的导向价值。

2. 环境文化具有凝聚价值

环境文化是一种理想的黏合剂，能使学生、教师、教学管理者彼此合作、同心协力、和衷共济，减少同学之间、师生之间的摩擦和内耗，增强其内部的凝聚力。

3. 环境文化具有规范作用

环境文化倡导师生的良好行为并制约着学生的不良习惯。约束功能是通过管理制度和道德规范发生作用的，尽管制度也是环境文化的一部分，但它的约束作用是硬性的，且是不全面的，而规范是一种无形的、理性的和全面的约束，也是无需提醒的自觉约束。

4. 环境文化具有激励价值

如果一所学校的环境文化以人为中心，形成一种人人受重视、个个受尊重的文化氛围，那么这所学校就会士气冲天，所有师生就能激情饱满，这就是一种"无形的精神驱动力"。这种精神动力能够激励学生努力学习、不畏挫折，勇敢面对挑战和困难，不断战胜自我，通过持之以恒的学习成为更好的自己。

5. 环境文化具有熏陶价值

学校环境包括学校的景观环境以及班级环境。不管是景观环境还是班级环境，都是学生每天必然体验的熟悉环境和耳熟能详的硬件设施。如果学校能够利用这些环境来彰显办学宗旨，贯彻学校办学理念，就一定能够潜移默化地熏陶学生，促进学生良好行为习惯以及健康思想的养成。比如清洁干净的校园能够让学生自觉遵循环境卫生；张贴有教育名言的景观文化、走廊文化、墙面文化为学生构建一个充满正能量的学习氛围，学生会更主动地学习、积极地作为，更愿意精益求精。因此，环境文化具有潜在的熏陶价值，能够让学生浸润在书香校园之中，接受文化的熏习和洗涤。

二、基础教育环境文化构建策略分析

学校环境是教育环境之一，是学生在校学习和活动所处的境况。从广义的角度而言，学校环境包括影响学生发展的课堂教学、课外活动以及学校的各种设施和校风建设。从环境的呈现角度界定，学校环境可以分为肉眼可观的硬件环境以及内心感悟的精神环境。所以，为了实现基础教育环境的育人价值，教育管理者必须从硬件环境和精神环境两个维度出发，为学生创设健康的学习环境，从而促进学生全面发展。

1. 创设优美教学环境

构建良好的环境文化首先应该从硬件环境出发，为学生创设舒适、优雅、安静、和谐的校园环境。这种环境能够使学生时刻跟随教师的引导进行高效的学习和拓展，能够使学生在学习的过程当中激发自身的潜能，拓展自己的思维方式，积极投身到课堂学习当中，更好地完善学生的综合素质。教育大师怀特海曾说："学生是有血有肉的人，教育的目的是为了激发和引导他们的自我发展之路。"而这个激发和引导的过程绝不仅仅是在课堂上传授知识，因为教育无处不在，学校的一砖一瓦都不是简单地堆砌。基础教育阶段的学生是民族的希望和祖国的未来，他们正处于思想观念高速发展和塑造的关键时期。因此，作为学校管理者，必须积极重视校园环境的建设，以环境为依托，让学生能够健康快乐地成长，在建设校园环境的过程中加强生态环境的提升和创新。比如增加学校的绿色环境范围，减少裸露的土地，为学生创造一个充满生机和活力四射的校园。除此之外，学校还可以对绿植进行创新配置，引入多种植物。学生在娱乐和休息时能够认识更多的植物，激发学生学习的乐趣，拓展学生的视野，创新学生的思维，让多样化的绿植文化助力学生成长。

2. 加强班级文化建设

教室是学生的第二个家，是师生共处的环境之一，也是基础教育环境建设的主要内容。对于教室文化的建设,笔者认为可以以班级为载体,努力创新班级文化。对此,笔者从自身教学管理实践中总结了如下方法。

（1）开展班级优秀传统文化研学活动,如"朗读者"比赛,为学生构建书香班级文化;"班级之星"评比活动,提高学生学习的主动性、活动的积极性,促进学生全面发展;"班长轮值"管理办法,提高学生的自我管理意识,培养学生积极进取、努力作为的生活态度。

（2）加强班级的卫生和安全管理,通过学生自我发现、拟定规则、提交讨论、建章立制,让班级的每一名学生都能够自觉遵守班级规则制度,从而遵守学校规则制度。以班级为最小单位,将学校的卫生和安全工作抓细、落实。通过这些举措,能够让班级管理更加责任化、精细化,从而有助于和谐、积极的班级文化形成,为提高学生的综合素质奠定基础,为建设整洁的校园环境打好基础。

3. 加强德育文化熏陶

文化是一种无形的教育力量,也是学校软实力的表现。今天的人们除了关注教学设施设备等硬件条件,同时也越来越关注文化的育人价值了。作为学校管理者,必须深刻认识到环境文化的育人价值,加强学校德育文化的建设。对此,笔者有如下建议。

（1）发挥班级管理文化的德育功能。首先在各个班级的教室前面张贴《学生守则》《学生日常行为规范》以及名人名言、班规等学校管理规章制度;其次可以利用教室后面的黑板文化,和学校"一月一事"德育活动相接轨,一以贯之,让德育春风化雨;最后还可以在教室外面建设班级文化墙,展示学生作品,宣传班级特色,加强榜样激励,彰显学生风采,一班一品,各美其美,美美与共。

（2）发扬楼道文化润物无声的德育功能。楼道文化可以说是学校的一道风景线,是弘扬和传承优秀传统文化的载体。一方面可以在楼道的走廊上张贴各种教育名言警句,另一方面可以在楼道以及走廊上展示师生书画作品,陶冶艺术情操。不管是朝气蓬勃的年轻现代文化还是厚重沉淀的历史文化,无论是对学生励志教育的至理名言还是学生自己创造的文学作品;都可以成为隐性的文化环境,能够激励师生积极进取、不懈追求。

（3）利用景观文化，潜移默化地熏陶全校师生。景观文化是师生在学校当中随处可见的环境，具有观赏价值，能够润物无声地培养师生的审美观，同时也能够陶冶师生的性情，是美好环境的代表，也是学校历史文化、人文素养的形式表现。首先，可以利用学校前的广场、学校入口、门厅等地方展示学校的办学理念，如雕塑、理念石、文化墙等；其次，可以以整个校园作为开放的"展览馆"，将学校的办学历史、办学沿革、学校特色课程等信息以艺术化的造型布置在校园的各个角落，成为校园景观文化的一部分，让全校师生既可以得到视觉的美感享受，又可以使其成为独一无二、难以复制的靓丽风景。

（4）应该依托本地特色文化景观、历史文人、特色产业、民风民俗等传统文化理念，实现学校文化建设的拓展和延伸。因为学校本身就是某种地域文化或者民族文化的产物，是其所在社区精神文明建设的制高点，将这些传统文化融于学校景观文化之中，不仅让师生沐浴在传统文化的氛围之中，同时也有助于传统文化的传承和弘扬。

总而言之，环境不仅具有观赏价值，同时也具有育人价值。要想实现环境文化育人，学校必须从环境建设出发，为学生创设一个健康、和谐、充满正能量的教室环境、教学环境。结合学生的身心发展规律，在环境建设过程中积极地融入相应的教育理念，以此引导学生、熏陶学生、激励学生、启发学生，增强学生学习的热情，促进学生思考，激活学生思维，提高学生素养。

【参考文献】

［1］周建娥，张秀颖，黄方迁等.新和"和合"校园文化建设之实践与探索［J］.新农村，2019（02）.

［2］胡学年.加强校园文化建设充分发挥育人功能［J］.甘肃教育，2016（19）.

［3］邓坤.打造校园文化发挥育人功能——浅谈校园文化建设及育人功能［J］.学周刊，2018（26）.

［4］江莉莉.建设"同乐"教师社团构建温馨校园文化——江苏省连云港市解放路小学打造教师社团文化的路径探析［J］.江苏教育，2016（54）.

［5］张晓文.依托学校实际打造融合发展的校园文化［J］.基础教育参考，2017（04）.

中学信息技术课要和现实生活相联系

甘肃省兰州市第九十九中学　张德奎

信息技术作为一门工具课，更应注重实用性，趋向生活化，为学生将来的学习和工作打好基础。然而，当前的信息技术教学任务的设计与现实生活毫无关系，最初学生不知为何学习，后来即使学会了课堂内容，由于没有实践机会，这些知识也会随时间的流逝慢慢从脑海中淡去。那么，如何才能使信息技术教学与现实生活相联系呢？笔者从几个方面进行了实践探索。

一、结合现实需求展开教学

笔者在教学之前一般都会仔细品味教材，观察教材中涉及的技能与生活的关系和差距，思考该学段学生的思维和行为以及所掌握的信息技术能力现状，然后努力将两者整合起来，挖掘和创设出符合实际生活的真实学习需求，使学生感受到明确的学习目的。

例如有一课的内容是"使用Word工具制作精美的电脑小报"，本课教学的目的非常具有实用价值，有助于学生以后在生活中处理该方面的问题。因此，在教授Word这一模块之前，笔者布置学生留意观察学校每个角落的文化展板、不同班级里的板报布置，甚至是学校以外其他地方凡是有图文内容的宣传板。同时要求学生收集自己认为布置美观的宣传板信息，可以拍成照片或简单勾勒出框架图，最后再体会它们的实际作用，从而认识到掌握这项技能的意义和必要性。等到上课的时候，学生已经充满了求知欲，并且非常清晰地知道马上要学习的技能的重要性。笔者在课上也会展示自己认为合理实用的设计版式，并融入到教材内容教授过程中。在引导学生掌握了基本知识后，立刻拿出自己收集到的实际案例进行分析和对比，体会其中文字更换了不同字体、字号及颜色带来的不同效果，以及图片改变了数量、位置、大小及色彩搭配带来的不同效果等。学习结束后，学生就发现自己可以马上设计班级里的下一期板报或其他主题的文化展板了，从而觉得本课知识非常实用，心中充满了成就感。

二、将生活细节融入教学

信息技术教学普遍采用"任务驱动"的教学方法，教材中虽然为教师提供了一些任务，但有些任务并不适合学生的学习或有些不能很好地实现学生学习兴趣的最大化。因此，教师就要做生活的有心人，通过细心观察，捕捉学生生活中的细节，巧妙地设计或改动教学任务，引导学生以生活细节为基础进行学习探究。

张德奎老师

有一次，笔者看到有些学生不节约用水，洗完手后不关紧水龙头就走了。于是就抓住这个生活细节，结合网络单元的信息搜索、保存等教学内容，设计了一节"水的呼唤"研究性学习课。上课时，笔者先讲述了两个故事，一个是没有水万物死亡的故事，另一个是生活中捕捉的故事。讲完故事后问学生："水在呼唤什么呢？"学生说："请节约用水！"笔者追问："为什么要节约用水呢？"学生各抒己见，进一步讨论总结得出我国是一个缺水的国家。"你是怎样看出我国是一个缺水的国家？你有什么对策吗？"围绕这两个问题，笔者让学生以小组为单位上网查找资料，并制作成演示文稿，完成此项研究性学习任务。最后还要求各小组展示成果，讲述研究成果和心得，同时分享本小组从查找资料到完成演示文稿所使用的工具和方法。在之后的学习生活中，学生基本学会了使用搜索引擎来解答自己的疑问，甚至有些学生还把"去百度"当作时下流行的行为和口头语。通过生活细节的捕捉，把具体生活与理论知识连接起来，通过生活细节的再回放、再放大，让学生感受到生活问题，并引起心灵的震撼，进而产生研究和探索身边问题的需要。

三、通过生活类比融入教学内容

教学的过程即是生活的过程，教学时教师可以与生活进行类比，让学生运用已有的生活经验理解教学内容。

如教学电子邮件时，为了让学生理解电子邮件发送过程的原理，教师可以运用生活中的寄信过程来说明。教师可把电子邮箱比喻成邮局，要寄信就先要把信递到邮局，要发送电子邮件也要先输入电子邮箱地址。两者的不同在于我们可以在"邮局"（电子邮箱）写信，点击"发送"后，"邮局"（电子邮箱）就会把信送出，送到收信人所在地的"邮局"（收信人的邮箱里）。但是"邮递员"很懒，往往不把信送到收信人家里，而要求收信人自己到"邮局"取信，因此需要收件人登录自己的电子邮箱收邮件。在教学时，还可以让学生进行表演，请四个同学分别扮演寄信人、寄信人邮局（寄信人电子邮箱）、收信人邮局（收信人电子邮箱）和收信人，这样可以更进一步加深学生对电子邮件发送过程的理解。通过教学内容与生活主题的比喻类教学，使理论化的知识形象化、生活化，让学生看得见、摸得着，学生理解起来自然就容易得多，学习也就更有乐趣了。

从科学世界向生活世界回归，是当前教育发展的基本趋向。只有教师更加关注学生的生活世界，避免教育与学生生活的疏离，才能在信息技术课的教学中有效促进学生自我的全面发展，让知识的种子深埋在学生的心灵中，并结出丰硕的果实。由此可见，教师在教学活动中应更多地考虑如何将书本知识与学生的真实生活联系起来，引导学生学会在生活中体会知识和技能的作用，在学习中体验生活、理解生活，最后将学前、学中和学后融为一体，转化为自己的生活经验，实现"源于生活、融入生活、用于生活"的生活化教学。

将思想与精神植根于心中

——关于学校文化传承与发展的思考

甘肃省兰州市第六十二中学　陈其佳

　　凡事万物，个人眼光皆有不同，培训所得亦然，因个人从事的主要工作、思考的方向、聚焦的点不同而有所不同。这一周的讲座、参观，有关于课程建设的，有关于高考改革的，有关于教师管理心理策略的，还有关于激励机制的，但笔者印象最深的是刘佳瑞会长的讲座"学校文化主题提炼与实践"。因为笔者更多地关注一所学校、一位教师带给学生的东西，这与当前甚至更长远的教育目标——关注人的核心素养的发展是一致的。

陈其佳老师

　　教育工作者作为从事影响未来世界的人，必须要有比常人更加敏感和敏锐的见识，一定要立足于时代又高于时代，要站在人类历史发展的高度来审视时代和未来趋势，同时脚踏实地地从事当下的教育。可以说，这几天的培训听了很多、看了很多，也学了很多，先进的思想、前沿的理念姑且不论，笔者印象最深的还是校园文化建设。

梁晓声说："文化是植根于内心的修养、无须提醒的自觉、以约束为前提的自由、为别人着想的善良。"那么，校园文化不仅是个人的灵魂，也是学校的灵魂，是品位、道德、智能等文化积累的总和。笔者特别赞赏培训中祁兵校长说的一句话，她说："脱不掉的是永恒的文化。"无论是哈尔滨第一中学校、哈尔滨继红小学这样的老校、名校，还是哈尔滨一二五中学、征仪路学校、铁北小学、坦途二小这样由薄弱逐步成长起来的学校，或是我们刚刚参观的新桥小学，都给了笔者心灵的震撼，让笔者看到的是一位好校长的睿智和教育情怀，让每一面墙壁都说话，让每一名学生都开心，让每一位教师都幸福。"桃李不言，下自成蹊。"校园的角角落落、教室操场，漫步其中，学生便心有所感、心灵涤荡。试问，此时又何需说教式的教育呢？

一位企业家说得好："一个成功的企业离不开企业文化的建设。看不见摸不着的企业文化，像高楼大厦里的钢筋、螺丝钉、焊缝，在装饰一新的大厦内里，轻易不被人看见。可这种叫做企业文化的东西却渗透到了大厦的每一个角落、关节和着力点，承载着大厦最为沉重的负荷。"企业家对企业文化有如此高品位的认识，不得不引起我们教育工作者对校园文化建设的再认识、再思考、再实践。学校办得好不好，比企业更重要。企业产品不合格，可以返工重来，而教育不合格，却要误人一辈子。

学校办得好不好，校园文化是灵魂。一所名校之所以成为名校，之所以给学生深刻的印象，给来访者震撼，是因为它厚重的"历史感"。每一任校长对学校办学宗旨的传承，每一位教师对学校文化的信奉与践行，每一名学生对学校精髓的继承与传播，恰是一所学校不断发展、变高变强的关键！

学校是只为少数优秀生服务还是为全体学生服务，学校是只顾眼前的升学率还是对学生的终身发展负责，学校是只管对教师工作的使用还是关注教师工作和生活的提高，教育是只搞一些热闹的形式还是落实一个个育人细节，这都是学校文化内涵的体现。

学校教育不是形象工程，不要搞"包装"，要实实在在建立起先进的、有自己特色的、能聚集人心的校园文化。"文化决定格调，顶层着眼未来。"教师要用先进的教育思想指导学校的持续发展，形成文化力量的积淀，锤炼科学育人的特色，才能促进学校长时间地发展，真正把学校办出高质量、高品位。

此次培训，每一场讲座都是一种精神、一个理念、一次求真。可以说，当今教育面临着各种各样的浮躁与挑战，教育工作者也常常在学校管理、教育教学、教育科研与自我坚守间徘徊、取舍。西北师大的靳健教授常说，要用"兴观群怨"学程指导教学，祁兵校长也说要"厚植学校文化，优化学校发展"。路虽远，行则将至；事虽难，做则必成。借此次高端研修班的"东风"，让教育工作者在学习中成长，在成长中实践，将思想与精神根植于心中，一起做真教育、真教师，做一个有人文底蕴、有教育追求、有理想与情怀、真正为学生终生发展负责的好老师、好校长、好领导！

（2018年7月于哈尔滨兰州市西固区中小学校长管理能力提升高级研修班培训心得）

"润心"教育塑造高中学生的美好心灵

甘肃省兰州市第二十八中学　李贵平

"润心"管理其实是"心本"管理的具体体现。而所谓的"润心"教育，则是指教师在教育过程中需要从心出发，将学生看作是教育的主体，一切行为都围绕着学生展开，将学生当做是中心，"以心为中心"。在实际教育中，也是需要如此，一切从"心"开始。教师在教学过程中，需要与学生有效沟通，让教师与学生之间能够进行心与心的交流。用教师的决心换取学生的信心，用教师的信心换取学生的恒心，用教师的关心换取学生的爱心，用教师的爱心换取学生的自尊心，用教师的实心换取学生的虚心，真正做到心心相印。本文将从"润心"教育的具体内涵着手，试着探讨在实际教学中应该如何开展"润心"教育，进而塑造出高中学生的美好心灵。

一、加强"润心"班级文化建设

教师与学生接触最多的场所便是教室，若要通过"润心"教育使学生塑造出美好的心灵，教室必须要让学生随时感受到温暖的气息。只有使学生始终处于一种"润心"的环境中，学生的心扉才会顺利打开，进而接触外面的世界。由此，教师在开展教学工作过程中需要对班级"润心"文化加强建设，让学生能够感受到它，进而受其影响，养成美好的品质。

对于大多数学生来说，教室便是"圣堂"。因为在这个场所中，不论是学习知识和技能还是对人生进行自我感悟，都是被允许的。也正是因为如此，教师不仅需要自身特有的文化氛围，还需要尤其独特的文化形式。教师要做的，便是将"润心"教育的主旨融合进去。教师开展"润心"班级文化，主要的目的还是为了能够与其他班级区分开来，做到"一班一特色"。每个班级都需要有自己的特点，而最好的方式便是按照学生的实际情况制定。教师可以采纳学生的建议，在教室的墙壁上粘贴一些富有激励性的话语，或者是按照学生的喜好，在班级的各个角落开设各种"角"，如英语角、阅读角、作文角等。当然，在这样一些地方，教师需要尽可能地将一些有关德育、感恩的内容融入进去，让学生在班级的每一个角落都能感受到"润心"教育的内涵。

李贵平老师和同学们

二、加强"润心"课程文化建设

想要借助"润心"教育使学生的美好心灵得到塑造，教师不仅需要开展"润心"班级文化建设，还需要开展"润心"课程文化建设。在平时的班级生活中，教师与学生接触最多的媒介便是课堂教学。由此，教师可以在课堂教学中有意识地将"润心"教育的核心内容渗透进去，使"润心"班级文化得到有效构建，从而使学生的能够养成美好的心灵。

以语文课程教学为例。如《拿来主义》这篇课文，教师在教学的时候，可以通过带领学生对"拿来主义"进行仔细分析，并听取学生对"拿来主义"的看法，然后将其与实际生活中存在的这种现象进行对照，以此来使学生明白"拿来主义"的弊端。之后，教师还可以将"拿来主义"放置于班级生活中，让学生思考此种习惯的不好之处，从而使学生明白单纯的"拿来主义"是不可取的。用这样一种方式，使得学生感受到"润心"教育的内在。让学生明白，想要获得什么样的生活，就需要养成一种什么样的品质。而教师只有从"心"出发，围绕学生展开教学，学生才会对其有更加深刻地理解。

三、加强"润心"制度文化建设

除了以上两个措施，教师还可以开展"润心"制度文化建设。不少教师认为，班级制度只有刚柔并济，最后的效果才会更好。而教师要做的，便是对这些过于"刚硬"的制度进行柔化处理，使得学生能够生活在一种既紧张又活泼且不乏温馨的班级中。

最好的方式便是"差异化制度"，即同一件事情发生的时间点不一样，最后呈现出来的效果也会不同。教师开展"润心"教育，最主要的目的是为了让学生在温暖的环境中养成正确的三观。由此，除了一些原则性的问题之外，教师在制定制度的时候，大可以听取学生的意见，察看学生的态度。一切从学生出发，让学生感觉到自己得到了应有的尊重。

四、结语

总的来说，教师在开展"润心教育"塑造学生美好心灵的过程中想要取得更好的效果，最好的方式便是从"心"出发，围绕学生开展教学工作。用更好的、更温馨的氛围影响学生，使学生的心理变得更加积极向上。

【参考文献】

[1] 石骏.润心培桃李协进育英才——办学理念的价值彰显[J].教育科学论坛，2013（6）：66-68.

[2] 陈碎珠.用爱润心用心育人——有关班主任作业的几点考虑[J].中学课程辅导（教学研究），2016（36）.

（此文发表于2018年10月《华夏教师》）